Frauke Ohl

Körpersprache des Hundes
Ausdrucksverhalten erkennen und verstehen

3., aktualisierte Auflage
65 Farbfotos
11 Zeichnungen

Ulmer

Inhalt

Ausdrucksverhalten des Hundes 7

Das Verhalten eines Hundes spiegelt seine Bedürfnisse wider. Wie gut verstehen wir Menschen, was ein Hund braucht?

Elemente der Körpersprache 29

Man kann Hunde sein Leben lang beobachten und immer wieder etwas Neues lernen. Ein guter Anfang: die grundlegenden Elemente im Hundeverhalten zu kennen und zu verstehen.

Verstehen Sie „Hund"? 8
Der beste Freund? 8
Echte Persönlichkeiten 12
Gegenseitiges Verstehen 16

Die verschiedenen Lebensphasen 23
Die frühe Welpenzeit: einseitige
   Kommunikation 23
Die Prägephase: wichtig fürs ganze Leben 24
Das Alter: wenn die Sinne nachlassen 25

Wie Hunde sich ausdrücken 30
Jeder Hund ist anders 30

Verständigung durch Körpersprache 32
Verschiedene Ausdrucksformen 32

Inhalt

Weitere Elemente der Verständigung 57

Die Körpersprache des Hundes umfasst sehr verschiedene Signale. Hierzu zählen neben Gestik und Mimik auch Lautäußerungen, Gerüche und Körperberührungen.

Problematisches Verhalten 71

Auch Hunde können „psychische" Probleme haben. Woher kommt das? Und was kann der Mensch besser machen?

Wie Hunde sich noch verständlich machen 58
Verständigung durch Laute 58
Verständigung durch Riechen 67
Verständigung durch Körperkontakt 68

Verhaltensveränderungen verstehen 72
Wann ist ein Hund verhaltensgestört? 72
Auch Hunde haben Stress 74
Verhaltensänderung durch Angst 77
Aggressives Verhalten: der böse Hund? 78
Problemverhalten durch Unwohlsein 91

Probleme im Alltag 93

Viele sogenannte „schlechten Angewohnheiten" eines Hundes entstehen durch Nachlässigkeit im alltäglichen Umgang mit dem Hund. Das muss nicht sein!

Serviceteil 106

Noch Fragen? Hier finden Sie Literatur zum Thema und ein ausführliches Register.

Kommunikationsprobleme 94
Verständigung zwischen verschiedenen
   Rassen 94
Können Hunde lügen? 96
Schlechte Angewohnheiten? 98
Ohne Mensch wird's schwer 100
Verbale gegen nonverbale Kommunikation 101
Von der Vermenschlichung zur
   Verständigung 103

Literaturquellen 106
Bildquellen 108
Dank der Autorin 108
Register 109

Vorwort

Unser Umgang mit Tieren ändert sich fortlaufend. Wissenschaftliche Erkenntnisse haben hieran ihren Anteil, indem sie beispielsweise gezeigt haben, dass auch Tiere Gefühle haben und leiden können. Aber auch die Lebensweise des Menschen verändert sich, und das hat ebenfalls Folgen für die Tiere, die mit uns und bei uns leben.

Für unseren besten Freund, den Hund, bedeutet das beispielsweise häufig, dass er sich mit der Berufstätigkeit –also Abwesenheit – seines oder seiner Menschen abfinden muss und dass seine sozialen Aktivitäten oftmals einem Zeitplan folgen, der nicht seiner ist. Auch Modetrends bleiben dem Hund nicht erspart – sei es, dass eine bestimmte Rasse plötzlich in Mode kommt oder dass Bekleidungsboutiquen für Vierbeiner entstehen. Aber auch die Erziehung und der Umgang mit Hunden unterliegt Modeströmungen oder „Schulen", die plötzlich entstehen und ebenso plötzlich wieder verschwinden können.

All diese Veränderungen lassen jedoch eines unverändert: Der Hund ist und bleibt ein Hund – ein soziales Tier mit bestimmten Grundbedürfnissen und bestimmten Fähigkeiten, uns diese mitzuteilen. In den gut 20 Jahren meiner Berufstätigkeit als Verhaltensbiologin sind mir am häufigsten Fragen zu eben jenen Grundbedürfnissen und -fähigkeiten des Hundes gestellt worden. Die beste Trainingsphilosophie oder Erziehungsrezeptur nützt letztlich nicht viel, wenn man die Signale des zu trainierenden oder zu erziehenden Wesens nicht richtig verstehen kann.

In der vorliegenden Neuauflage folge ich aktuellen Entwicklungen insofern, als ich Begriffe wie „Wohlbefinden" oder „Problemverhalten" in Bezug setze zu den Grundbedürfnissen des Hundes. Ebenso gehe ich auf das zunehmende Phänomen der Feststellung von „psychiatrischen Erkrankunge"', wie Depression oder Hyperaktivität, beim Hund ein. Auch hier ist aber mein Anliegen vor allem, deutlich zu machen, dass es nicht die Eigenschaften oder Bedürfnisse des Hundes sind, die sich verändert haben, sondern die Anforderungen, die unser menschlicher Lebensstil an den Hund stellt.

Mein Anliegen mit diesem Buch ist es nach wie vor, die grundlegenden Bausteine des Hundeverhaltens zu erklären. Nach meiner Wahrnehmung gibt viele Arten einer positiven Beziehung zwischen Mensch und Hund und nicht nur eine bestimmte Philosophie, der diese Beziehung entsprechen muss. Was jedoch übereinstimmen muss, sind die Bedürfnisse des Hundes und die Anforderungen, die an ihn gestellt werden. Diese Übereinstimmung zu finden, ist vielleicht die wichtigste Aufgabe eines jeden Hundehalters.

Frauke Ohl

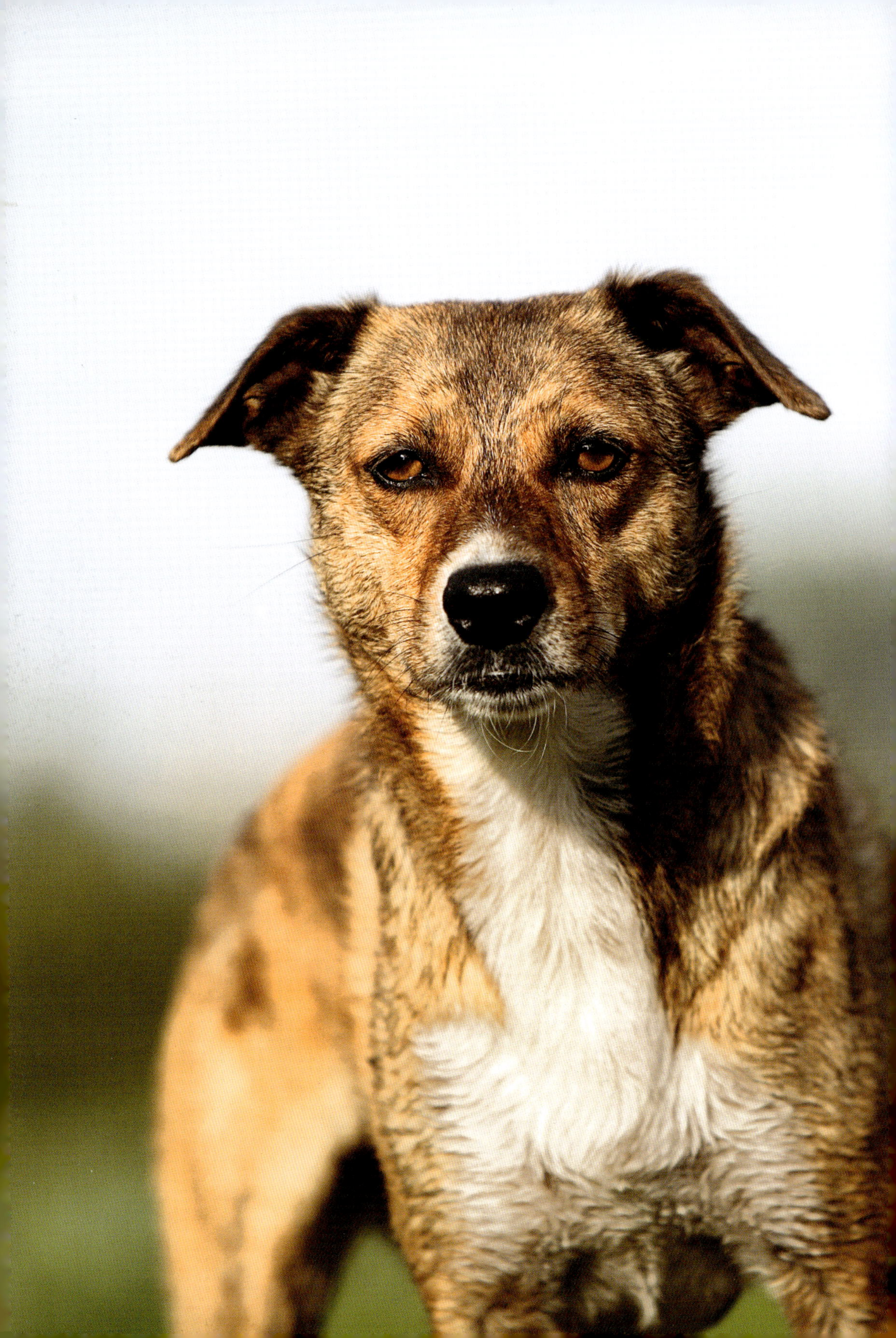

Ausdrucksverhalten des Hundes

Verstehen Sie „Hund"?

Hunde sind ein fester Bestandteil unserer Gesellschaft. Jeder Mensch hat, direkt oder indirekt, fast täglich mit Hunden zu tun. Vielleicht ist es diese Alltäglichkeit, die uns denken lässt, dass wir Hunde kennen und verstehen. Dennoch haben viele Menschen Probleme mit Hunden – und noch viel mehr Hunde haben Probleme mit Menschen. Vielleicht verstehen wir einander doch nicht so gut?

Der beste Freund?

Hunde sind seit vielen Jahrhunderten ein fester Bestandteil vieler menschlicher Gemeinschaften. Einige Menschen halten einen Hund auch heute noch zu bestimmten funktionellen Zwecken, beispielsweise als Jagdhund, als Wachhund oder zu Zuchtzwecken. Für die meisten Menschen ist der Vierbeiner heutzutage aber auch, oder ganz und gar, Gesellschafter oder Spielkamerad – ein nicht-menschlicher Sozialpartner.

In welcher Rolle auch immer ein Hund sein Leben verbringt: Der jeweilige Halter ist in aller Regel der Ansicht, sein Hund sei zufrieden oder sogar ausgesprochen glücklich. Worauf aber gründet sich diese Überzeugung? Können Hunde sich an jede beliebige **Lebensweise** anpassen? Gibt es bestimmte Rassen für die jeweils bevorzugten Haltungsbedingungen? Besteht eine emotionale Bindung zwischen einem Hund und „seinem" Menschen und ist diese Bindung wichtig für den Hund? Oder sind Hunde vielleicht oft gar nicht so zufrieden und glücklich, wie ihre Besitzer meinen?

Der einzige, der wirklich eine Antwort auf diese Fragen geben kann, ist der Vierbeiner selbst. Daher sollte es die vordringlichste Aufgabe jedes Hundehalters sein, sein Tier verstehen zu lernen. Das Verständigungssystem eines Hundes – sein Ausdrucksverhalten – ist ausgesprochen leistungsstark: Es kann mit Hilfe verschiedenster **Signale und Signalkombinationen** alle notwendigen Informationen über den Zustand oder die Absichten eines Hundes übermitteln. Allerdings: Um wirklich zu funktionieren, muss es auch verstanden werden!

Wie groß die Lücken in der Verständigung zwischen Zwei- und Vierbeiner sind, zeigt die große Zahl von Hunden, die Verhaltensweisen entwickeln, die Menschen problematisch finden. In vielen Fällen geben Hunde ihren Haltern Rätsel auf, indem sie zum Beispiel Krankheiten entwickeln, für die keine organische Ursache gefunden werden kann. Häufiger aber als körperliche Krankheiten treten bei Hunden Veränderungen unterschiedlichster Verhaltens-

▶ Dieser Welpe richtet aufmerksam alle Sinne auf seinen Menschen. Denn, wer eine Bindung aufbauen will, muss einander erst kennenlernen.

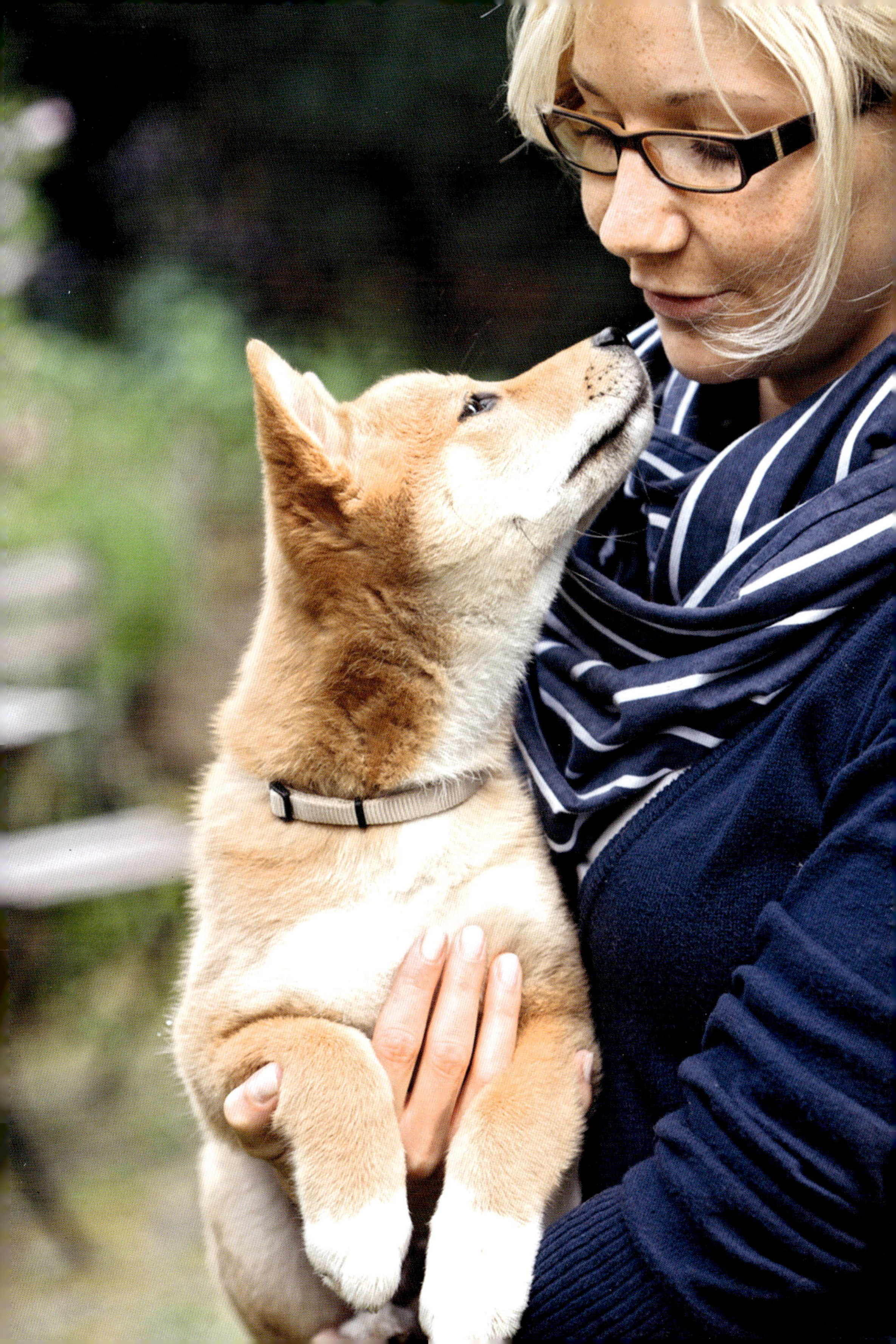

Ausdrucksverhalten des Hundes

weisen auf, die für ihre Besitzer unverständlich und störend, oder sogar für Menschen im Allgemeinen gefährlich sein können. Ein häufiges Argument ist dann, dass der entsprechende Hund schlechte Anlagen habe und das Problemverhalten also bereits ererbt.

Tatsächlich sind **Störungen im Verhalten** eines Hundes aber nur in den seltensten Fällen angeboren. Auch sind sie, ebenso wie körperliche Erkrankungen, in der Regel nicht so unerklärlich, wie es manchem Hundehalter scheinen mag. Vielmehr entwickeln sie sich oft schon vom Welpenalter an, wenn grundlegende Bedürfnisse des Tieres nicht erfüllt werden. Wenn dem Hund also zum Beispiel ausreichende Beschäftigung oder Sozialkontakt in großem Maße fehlt, kann das Tier dieses spezielle Bedürfnis nicht befriedigen. Nun ist die **Anpassungsfähigkeit** eines Hundes sehr groß, und der Hund wird diesen Zustand der Unzufriedenheit unter Umständen lange ertragen, ohne in drastischer Weise auffällig zu werden. Die Anpassungsfähigkeit eines jeden Hundes hat jedoch auch ihre Grenzen. Und diese wird leider allzu oft – häufig unwissentlich und sicher unbeabsichtigt – durch die Lebensweise, die der Mensch für seinen Hund wählt, erreicht und überschritten.

Wenn die Anpassungsfähigkeit eines Vierbeiners dauerhaft überstrapaziert wird, kommt es irgendwann zwangsweise zu Veränderungen im Gesamtverhalten des Tieres. Diese Veränderungen sind als Versuch des Tieres zu verstehen, einen Ausweg aus seiner belastenden Situation zu finden. Solche **Verhaltensänderungen** müssen keineswegs in einem logischen Zusammenhang mit einer speziellen Belastung stehen. Körperlich unausgelastete Hunde reagieren also nicht notwendigerweise mit körperlicher Unruhe. Sie können stattdessen auch allgemein aggressiver werden, ständig Gegenstände zerstören oder organische Krankheiten entwickeln.

▶ Es ist wichtig, seinem Hund einen festen Platz zuzuweisen, der als Ruhepol dient, an den er sich zurückziehen kann. Er lernt aber auch, dass eine Ruhepause angesagt ist, wenn er dorthin geschickt wird.

▶ Langeweile, Entspannung oder unauffälliges Beobachten seines Zweibeiners? Hundehalter, die ihr Tier gut beobachten, erkennen die Unterschiede.

Um derartige Veränderungen oder Abweichungen im Verhalten eines Hundes erkennen zu können, muss man zunächst das **Normalverhalten** des jeweiligen Tieres kennen und verstehen. Das ist für den Menschen aus verschiedenen Gründen schwierig.

Zunächst einmal gibt es kein allgemeingültiges Normalverhalten des Haushundes. Das heißt, es gibt weder für das Erkennen, noch für das Verstehen eine Verhaltensschablone, die auf jeden Hund gleichermaßen zutrifft. Zum einen unterscheiden sich verschiedene Hunderassen in ihrem Aussehen so sehr, dass gleiche Verhaltensmuster durchaus unterschiedlich aussehen oder wirken können. Es ist leicht vorstellbar, dass ein Yorkshire Terrier in Imponierhaltung ganz anders aussieht als ein imponierender Deutscher Schäferhund: Der Yorkshire Terrier ist sehr klein, er kann seine Ohren- und Rutenstellung nicht deutlich erkennbar verändern und auch sein Nackenfell nicht sichtbar aufstellen. Ein imponierender Yorkshire Terrier sieht also aus menschlicher Sicht mehr oder weniger aus wie ein niedlicher, kleiner, aufmerksamer Hund, während ein Deutscher Schäferhund in derselben Situation deutlich bedrohlicher wirkt.

Zum anderen sind Hunde auch individuell so verschieden, dass ein bestimmtes Verhalten für einen Vierbeiner völlig normal, für einen anderen ganz und gar unnormal sein kann. So suchen einige Hunde sehr häufig von sich aus den Kontakt zu ihrem Menschen, stupsen ihn an oder legen sich zu seinen Füßen nieder. Andere Hunde sind eher Individualisten, liegen zu Hause stundenlang im Flur oder in der Küche und sind damit zufrieden. Beide Verhaltensweisen können völlig normal sein. Häufige Kontaktaufnahme kann aber auch ein Zeichen von Unsicherheit sein, ebenso wie fehlende Kontaktaufnahme ein Zeichen von mangelnder Bindung sein kann. Darüber kann nur eine genaue Beobachtung des Gesamtverhaltens des jeweiligen Tieres Aufschluss geben.

Eine weitere Schwierigkeit ist schließlich die vermeintliche Ähnlichkeit verschiedener Verhaltensmuster des Hundes mit menschlichen Verhaltensweisen – obwohl beide eine ganz unterschiedliche Bedeutung haben. In solchen Fällen ist ein falsches, da **vermenschlichendes Verstehen** nur schwer zu vermeiden. Vermenschlichende Interpretationen können vor allem dann problematisch sein, wenn menschliche Moralvorstellungen oder Benimmregeln ins Spiel kommen, die dem Wesen eines Hundes einfach nicht entsprechen. Trotz aller Unterschiede zwischen Hund und Mensch und der daraus resultierenden Schwierigkeiten ist eine Verständigung unter diesen Lebewesen durchaus möglich. Die Basis hierfür ist vor allem das soziale Wesen, das uns Menschen und unserem vierbeinigen Freund gemein ist.

Echte Persönlichkeiten

Des einen Freud – des anderen Leid: Das gilt auch für Hunde. Natürlich gibt es artspezifische Eigenschaften, die sowohl auf einen Yorkshire Terrier als auch auf einen Irischen Wolfshund zutreffen. Beide verfügen zum Beispiel über dieselben Grundbausteine der Körpersprache, und beide sind soziale Tiere. Es gibt aber auch viele Unterschiede und das nicht nur aufgrund der Rasse, sondern auch aufgrund der einzigartigen Persönlichkeit, die jedes Lebewesen in Laufe seines nun mal einzigartigen Lebens ausbildet. Von Geburt an kann man gewisse Unterschiede im Verhalten von Hundewelpen erkennen. Der eine mag zum Beispiel deutlich aktiver sein als seine Geschwister. Ein anderer erscheint sehr schreckhaft, und wieder eine anderer wirkt eher passiv. Solche Persönlichkeitsanlagen werden umso deutlicher, desto mehr die Welpen mit ihrer Umwelt in Interaktion treten. Wie festgeschrieben ist aber eine solche Persönlichkeit?

Gewisse Veranlagungen sind in der Tat angeboren. Diese **Veranlagungen** kann man vor allem in Form von Verhaltensstrategien gegenüber der Umwelt wahrnehmen. Auch bestimmte Neigungen können angeboren sein, wie zum Beispiel die Zuneigung zum Wasser. Es sind solche Veranlagungen, die bei bestimmten Rassen im züchterischen Fokus stehen und daher häufiger bei der einen Rasse zu finden sind als bei einer anderen. Veranlagungen sind jedoch nicht mehr (aber auch nicht weniger) als Rahmenbedingen für die letztendliche Persönlichkeit. Innerhalb dieses Rahmens ist jedoch viel Spielraum vorhanden um sich an die Erfordernisse des Lebens anzupassen. Der „Rahmen" beschreibt also sozusagen das Anpassungsvermögen eines Individuums, und dieses Anpassungsvermögen ist ein wichtiger Bestandteil jeder Persönlichkeit.

Sehr häufig wird zum Beispiel übersteigerte Aggressivität eines Hundes,

▶ Erhobener Kopf, erhobene Rute, gestreckter Rücken: Dieser Welpe strahlt bereits eine deutliche Umweltsicherheit aus.

besonders wenn sie zu Angriffen auf Menschen führt, damit begründet, dass dieser spezielle Hund eben von Geburt an „schlecht" war, aus einer „schlechten" Zucht stammte, und die Vorfälle somit unabänderlich waren. Ein Hund kann jedoch aufgrund verschiedener, sehr wohl vermeidbarer Ursachen übermäßig aggressiv und damit gefährlich werden. Deshalb sollten prinzipiell die Haltungsbedingungen und das soziale Umfeld eines Hundes geprüft werden, bevor man die Schuld in der **genetischen Veranlagung** sucht.

Es gibt aber tatsächlich auch Hunde, die von Geburt an, also anlagebedingt, übermäßig aggressiv sind – deren „Persönlichkeitsrahmen" sozusagen relativ schmal ist. Die Bereitschaft eines Hundes anzugreifen und zu kämpfen, ist Bestandteil seines natürlichen Verhaltens. Die Neigung zu einer bestimmten **Verhaltensstrategie** ist jedoch bei verschiedenen Persönlichkeiten unterschiedlich. Es gibt Hunde, die dazu neigen, abwartend oder ängstlich zu reagieren. Und es gibt Vierbeiner, die dazu neigen, im Zweifelsfalle aggressiv zu reagieren. Solche Neigungen bedeuten jedoch nur sehr selten, dass ein Hund vollständig auf ein bestimmtes Verhalten festgelegt ist. Fast jeder Hund ist im Rahmen seiner Persönlichkeitsstruktur sehr flexibel und kann lernen, welches Verhalten in welcher Situation angemessen ist und welches nicht. Die Erziehung eines Vierbeiners sollte daher zwar einigen Grundregeln folgen, muss jedoch auf die jeweilige Hundepersönlichkeit abgestimmt werden.

Rassetypische Eigenschaften

Eine Hunderasse zeichnet sich nicht nur durch eine bestimmte äußere Erscheinung aus, sondern auch durch bestimmte Charaktereigenschaften. So soll zum Beispiel ein Foxterrier fröhlich, intelligent und lebhaft sein, der Bernhardiner gutmütig, ein wenig phlegmatisch, nervenstark und sehr anhänglich usw. Natürlich sind die Wesenszüge einzelner Individuen einer Rasse genauso wenig identisch wie ihr Aussehen. Bestimmte Verhaltensneigungen sind aber, wie gesagt, durchaus als rassetypisch anzusehen. Leider ist es oft so, dass eine Rasse allein aufgrund äußerer Merkmale gezüchtet wird und charakteristische Verhaltensmuster nur zufällige Nebenerscheinungen sind. Ist eine Rasse nun tatsächlich freundlich, anhänglich usw., so ist das natürlich höchst erfreulich. Andererseits werden aber auch weniger erfreuliche Verhaltensneigungen, wie eben übersteigertes Aggressionsverhalten oder auch der Ausfall wichtiger Verhaltensmuster, wie zum Beispiel das fehlende Aufzuchtverhalten einer Mutterhündin, durchaus in Kauf genommen, wenn das äußere Erscheinungsbild der Rasse nur genügend Liebhaber findet.

Es wird häufig diskutiert, ob die Zucht bestimmter Rassen verboten werden sollte. Im Mittelpunkt solcher Diskussionen stehen einerseits Hunderassen, die genetisch bedingt zu körperlichen Problemen neigen, wie zum Beispiel Rassen mit einem zu kleinen oder stark verformten Schädel. Andererseits wird aber auch ein Zucht- und Haltungsverbot sogenannter gefährlicher Rassen immer wieder diskutiert. Der Erfolg solcher Verbote ist jedoch eher zu bezweifeln. In den Niederlanden hat es ein sogenanntes „Pitbull-Gesetz" gegeben, das jedoch nach einiger Zeit wieder aufgehoben wurde, da der gewünschte Effekt sich nicht einstellte. Es scheint also, dass ein Zucht- und Haltungsverbot spezieller Rassen nicht das eigentliche Problem löst.

Erstens gehören auffallend aggressive Hunde keiner bestimmten Rasse an. Menschen, die einen aggressiven „Kampfhund" haben möchten, verpaaren einzelne Individuen, die sich durch besondere Neigung zu Angriffsbereitschaft und ausgeprägtes Kampfverhalten auszeichnen, jedoch zu verschiedenen Rassen gehören können. Dazu kommt, dass tatsächlich auf Kampf trainierte Hunde vom frühesten Welpenalter an genau die Art von Abrichtung erleiden, die zwangsläufig zu allerschwersten Verhaltensstörungen führen muss.

▶ Bernhardiner gelten als gutmütig, nervenstark, anhänglich und ein wenig phlegmatisch. Das muss jedoch nicht auf jeden zutreffen.

▶ Freundlich, apportier- und wasserfreudig: Solange Golden Retriever aus einer guten, kontrollierten Zucht stammen und gut sozialisiert werden, geben sie tolle Familienhunde ab.

Betrachtet man zweitens sogenannte **Kampfhundrassen,** so sind es in der Regel nur einzelne Zuchtlinien innerhalb verschiedener Rassen, die durch besonders aggressives Verhalten auffallen. Verantwortlich hierfür ist eine ganz gezielte Zuchtauslese. Vorzugsweise ausgewählt werden für diese Zuchtzwecke natürlich solche Hunde, deren körperliche Merkmale sie als besonders geeignet erscheinen lassen (muskelbepackter Körper, kräftige Kiefer usw.). Es gibt aber auch nach wie vor viele Individuen dieser Rassen, die als gut sozialisiertes Mitglied einer Familie ein ausgesprochen friedliches Leben führen.

Drittens tauchen immer wieder Rassen in den Schlagzeilen auf, die bisher als besonders kinderfreundlich und völlig ungefährlich galten und sich anscheinend plötzlich als gefährliche Beißer entpuppen. Ein bekanntes Beispiel für ein solches Phänomen ist der Golden Retriever. Auffallend ist, dass es häufig „**Modehunde**" sind, die ihre Besitzer durch unvermutete Verhaltensauffälligkeiten oder auch Krankheiten negativ überraschen. Wird zum Beispiel durch die Medien eine Rasse zur Moderasse, was häufig sozusagen über Nacht geschieht, kann die große Nachfrage nicht mehr durch das vorhandene Zuchtpotential gedeckt werden. Die Züchter, die die vermehrte Nachfrage befriedigen wollen, greifen nun zu verschiedenen Maßnahmen:

- Sie züchten mit jedem Tier – auch mit solchen, die aufgrund bestimmter Verhaltens- oder körperlicher Merkmale eigentlich nicht zur Zucht verwendet werden dürften.
- Sie lassen eine möglichst große Anzahl von Mutterhündinnen so oft wie irgend möglich decken, was deren Kraft sehr schnell übersteigt und daher zu mangelhaftem Aufzuchtverhalten der Hündin führt.
- Sie geben die Welpen möglichst früh an die neuen Besitzer ab – teilweise bereits ab der vierten Lebenswoche! – und transportieren oder verschicken die verstörten Welpen über viel zu weite Strecken.

Es ist klar, dass unter solchen Voraussetzungen von ausreichendem Sozialkontakt und oft auch von ausreichenden hygienischen Bedingungen für die Vierbeiner nicht die Rede sein kann. Ein verstärktes Auftreten von Verhaltensauffälligkeiten, Verhaltensstörungen sowie von körperlichen Krankheiten ist in diesen Fällen zwingend vorprogrammiert.

Klar ist auch, dass im Falle eines so gezüchteten Hundes die Ursache für übermäßig aggressives Verhalten nicht eindeutig bezeichnet werden kann, da hier wirklich alle möglichen auslösenden Faktoren gleichzeitig zur Wirkung kommen. Es ist jedoch auch in weniger extremen Fällen so, dass eine Hundepersönlichkeit nicht nur durch Veranlagung, sondern auch durch die **Umwelt** geformt wird. Es sei hier dann auch betont, dass es vor allem auch in der Verantwortung des einzelnen Hundebesitzers liegt, ob und wie ausgeprägt problematisch sich sein Hund verhält. Diese Verantwortung beginnt bereits mit dem Entschluss, Hundebesitzer werden zu wollen. Vom Zeitpunkt dieser Beschlussfassung an sollen und müssen Sie das Vorhandensein einiger Eigenschaften an sich selbst überprüfen, die auch später im Umgang mit dem Tier von einiger Bedeutung sein werden. Das sind vor allem Interesse, Geduld und Zeit:
- Sie müssen das Interesse aufbringen, sich mit den individuellen Eigenschaften eines Hundes intensiv auseinanderzusetzen, bevor Sie sich dann tatsächlich für einen Hund entscheiden.
- Sie sollten nicht allein aufgrund äußerlicher Merkmale einen Hund einer bestimmten Rasse erwerben. Ebenso wenig sollten Sie eine bestimmte Persönlichkeit bei allen Hunden einer bestimmten Rasse voraussetzen.
- Bedenken Sie, dass Sie nicht über lange Jahre mit einem Hund zusammenleben können, ohne sich mit dessen Bedürfnissen als Individuum auseinanderzusetzen und teilweise auch belasten zu wollen. Besonders die Aufzucht eines Welpen zu einem gut sozialisierten Familienmitglied erfordert neben dem notwendigen Interesse auch viel Geduld. Und nicht nur während der Welpenzeit, sondern während des ganzen Lebens eines Hundes – und das können durchaus mehr als 15 Jahre sein – müssen Sie viel Zeit für einen Hund aufbringen können und wollen. Erfüllen Sie diese Voraussetzungen, werden Sie sich aller Voraussicht nach nie in der unangenehmen Lage befinden, Besitzer eines übermäßig aggressiven oder in anderer Weise problematischen Hundes zu sein.

Gegenseitiges Verstehen

Fast jedes Lebewesen muss zumindest mit seinen Artgenossen Informationen austauschen können. Das gilt natürlich besonders für solche Lebewesen, die in ständigem Kontakt zu Artgenossen leben. Aber auch Einzelgänger müssen in der Lage sein, beispielsweise Fortpflanzungspartner zu finden oder ihr Territorium gegenüber Konkurrenten zu verteidigen. Für all diese Aktivitäten ist es notwendig, Informationen auszutauschen, also die eigenen Absichten verständlich zu machen und die des anderen zu verstehen.

Besonders in der Gruppe, also **sozial lebende Tiere**, sind auf eine gut funktionierende Verständigung angewiesen. Alle Aktivitäten, die den Fortbestand

Gegenseitiges Verstehen 17

▶ Kommunikation zwischen Mensch und Hund? Schwierig, aber nicht unmöglich. Beide nutzen teilweise dieselben Kommunikationssysteme.

einer Gruppe, zum Beispiel eines Wolfsrudels, und damit auch das Überleben des Einzelnen sichern, müssen aufeinander abgestimmt werden. Um eine gemeinsame Jagd und somit die Beschaffung von Nahrung koordinieren zu können, müssen die Mitglieder eines Rudels unglaublich viele, fein abgestufte Informationen austauschen. Das Senden und Verstehen von Informationen spielt auch eine wichtige Rolle bei der Fortpflanzung oder bei der Verteidigung des Rudels gegen Feinde.

Die Informationsübermittlung geschieht mit Hilfe von Signalen, die **sichtbar, hörbar, fühlbar** oder auch **riechbar** sein können. Es gibt Signale, die einem Lebewesen bereits angeboren sind – z. B. das Lächeln beim Menschen oder das Mundwinkellecken beim Hund – und andere, die erst erlernt werden müssen. Weiter gibt es Signale, die nur der Verständigung zwischen Artgenossen dienen, und andere Signale, die Angehörigen anderer Arten gelten (beispielsweise bestimmte Farbmuster zur Abschreckung von Fressfeinden bei Insekten). Dabei ist die Bandbreite der eingesetzten Signale sehr groß; sie reicht von einem kleinen Farbfleck im Fell oder Gefieder bis hin zu komplexen Verhaltensmustern.

Nun muss das Senden von Signalen nicht in jedem Fall der Verständigung dienen. Kein Vogel will beispielsweise durch seinen Gesang eine Katze darauf aufmerksam machen, wo er sich gerade

Nicht-sprachliche Kommunikationssysteme
– Verständigung durch sichtbare Signale = sehen
– Verständigung durch hörbare Signale = hören
– Verständigung durch riechbare/schmeckbare Signale = riechen/schmecken
– Verständigung durch Berührungen = fühlen

befindet. **Kommunikation,** also eine echte Verständigung, liegt deshalb im biologischen Sinne nur dann vor, wenn alle Beteiligten auch Nutzen daraus ziehen. Besagter Vogel kommuniziert also zwar mit seinen Artgenossen, nicht jedoch mit der Katze, die sich allerdings das ausgesandte Signal zunutze macht.

Zur Kommunikation können sich Menschen, aber auch Tiere, verschiedener Systeme bedienen. Mit Hilfe dieser

Ausdrucksverhalten des Hundes

verschiedenen Verständigungssysteme ist es auch Hunden möglich, sehr umfassende und genaue Informationen zu übermitteln. Dies geschieht durch Kombination von Elementen einzelner Systeme oder auch durch Abstufung der Signale innerhalb eines Systems. Anders ausgedrückt: Gesten und verschiedene Signale können kombiniert, ein einzelnes Signal alleine aber auch in unterschiedlicher Stärke eingesetzt werden.

Besonders schwierig und oft sogar unmöglich ist die Verständigung dann, wenn die Mitglieder einer Gemeinschaft unterschiedlichen Arten angehören, wie es natürlich bei Mensch und Hund der Fall ist. Denn jede Art hat ihr eigenes, **artspezifisches Ausdrucksverhalten,** um Absichten und Bedürfnisse auszudrücken. Zwischen Arten, die unterschiedliche Kommunikationssysteme nutzen, wäre eine Verständigung undenkbar. Es ist zum Beispiel nicht möglich, dass wir mit Lebewesen, die Ultraschalltöne als Verständigungsmittel einsetzen, kommunizieren können, da wir Ultraschallsignale nicht hören. Ebenfalls unmöglich ist eine Verständigung zwischen verschiedenen Arten dann, wenn eine völlig unterschiedliche Lebensweise zugrunde liegt. Ein Tier, das als Einzelgänger lebt, wird beispielsweise die Bedeutung von Signalen, die eine stabile Rangordnung ermöglichen, nicht kennen.

Tiere, mit denen wir Menschen uns – aus welchem Grund auch immer – nicht verständigen können, lassen sich auch nicht in einen menschlichen Sozialverband einbinden. Mensch und Hund jedoch haben grundsätzlich die allerbesten Voraussetzungen, sich miteinander zu verständigen. Beide Lebewesen nutzen teilweise dieselben **Kommunikationssysteme,** also sichtbare, fühlbare und hörbare Signale, und leben in sozialen Verbänden. Auch stellen Haushunde, die seit mehreren Jahrhunderten mit dem Menschen zusammenleben, insofern eine Besonderheit dar, als sie neben ihren Artgenossen auch den Menschen als Sozialpartner brauchen. Der Mensch ist im Laufe der Zeit Teil der normalen sozialen Umwelt des Haushundes geworden. Logischerweise sollte also auch eine gegenseitige Verständi-

▶ Was es da wohl zu flüstern gibt? ... Eine Verständigung zwischen unterschiedlichen Arten ist nur möglich, wenn eine ähnliche Lebensweise zu Grunde liegt. Tiere können aber durchaus lernen, bestimmte Signale einer anderen Art richtig zu interpretieren.

gung zwischen Mensch und Hund möglich sein. Wie aber ist es um dieses Verstehen tatsächlich bestellt?

Was will mein Hund mir sagen?
Ein Hund ist ein sehr anpassungsfähiges und intelligentes Lebewesen. Er ist in der Lage, eine große Anzahl menschlicher Kommandos zu erlernen und ausgesprochen schwierige Aufgaben zu erfüllen. Zudem befähigt das gesellige Wesen des Hundes ihn, sich in höchstem Maße feinsinnig an den Verhaltensweisen seiner Sozialpartner zu orientieren. Viele Hunde hören unverkennbar aufmerksam zu, wenn ihr Mensch mit ihnen spricht und erkennen, ob er traurig, fröhlich oder wütend ist. Ganz ohne Zweifel sind also Hunde in der Lage, viele der vom Menschen bewusst oder unbewusst ausgesandten Signale zu verstehen.

Wie aber verhält es sich umgekehrt? Der menschliche Partner glaubt an der Art des Bellens zu hören, ob sein Hund Hunger hat, spielen will oder mal ins Freie muss. Die Verständigung zwischen Hund und Mensch scheint also gegenseitig zu sein. Trotzdem kommt es häufig zu Missverständnissen oder sogar zu vollständigem Nicht-Verstehen. Das wird deutlich an den **Verhaltensauffälligkeiten** und Verhaltensstörungen erschreckend vieler Hunde. Die Hilflosigkeit der Besitzer in solchen Fällen zeigt, dass die Verständigung zwischen diesen Angehörigen unterschiedlicher Arten offensichtlich häufig nur scheinbar gegeben ist. Was ist der Grund dafür?

Der Mensch neigt dazu, das Verhalten des Hundes zu vermenschlichen und damit leider oft gänzlich miss zu verstehen. Im entgegengesetzten Extrem werden Hunde vollständig versachlicht, was zur Folge hat, dass ihnen Bedürfnisse sozialer oder emotionaler Art völlig abgesprochen werden. Wie so häufig, liegt der richtige Weg irgendwo in der Mitte und ist schwer zu finden.

▶ Dieser Retriever signalisiert mit offen auf seinen Menschen gerichtetem Blick und leicht angelegten Ohren, dass er dessen Führung anerkennt. Auf der Grundlage einer solchen positiven Bindung tut ein Hund gerne, was sein Mensch von ihm möchte.

Ausdrucksverhalten des Hundes

▶ Interessiert und aufmerksam. Hunde sehen und verstehen viele Signale, die der Mensch, oft auch unbewusst, aussendet.

Dieses Buch möchte genau hier ansetzen. Es soll helfen, das Ausdrucksverhalten des Hundes als das zu verstehen, was es im biologischen Sinne ist: Ein äußerst umfassendes Kommunikationssystem, das die Abstimmung eines sozialen Zusammenlebens ermöglicht.

Die Tatsache, dass Hunde nicht über Sprache im menschlichen Sinne verfügen, sollte klar erkannt, aber nicht abwertend verstanden werden. Haushunde sind in der Lage, sich ihren Sozialpartnern – ob Artgenosse oder Mensch – mit Hilfe sehr fein abgestufter Signale eindeutig mitzuteilen. Die Aufgabe des Menschen muss es sein, diese Signale in ihrer „hundlichen Bedeutung" zu erkennen, ohne ihnen eine neue, menschliche Bedeutung zu verleihen.

Vielfältiges Ausdrucksrepertoire

Das Ausdrucksrepertoire des Hundes kann als eine Art Baukastensystem verstanden werden. Die meisten Signale des Haushundes sind aus unterschiedlichen Bausteinen zusammengesetzt. Es handelt sich also um Signalkomplexe, die beispielsweise aus sichtbaren und hörbaren Anteilen bestehen, wobei die einzelnen Bausteine auch mehr oder weniger stark betont auftreten können. Aufgrund dieser Kombinations- und Abstufungsmöglichkeiten verfügen Hunde über ein umfangreiches und sehr fein abgestuftes Signalrepertoire.

Dieser Reichtum an Ausdrucksmöglichkeiten findet sich allerdings nicht bei allen **Haushundrassen** in gleichem Maße. Besonders im Bereich der sichtbaren Verständigung fehlen vielen Hunden Teile bestimmter Signale aufgrund des speziellen Aussehens ihrer Rasse. So kann die Gesichtsmimik durch starke und lange Behaarung oder Faltenbildung völlig unkenntlich werden, wie es zum Beispiel beim Briard (lange Haare) oder bei vielen Bulldoggen (starke Falten) der Fall ist. Bei einigen Rassen ist eine Veränderung der Ohrenstellung aufgrund ihrer Hängeohren stark eingeschränkt. Bestimmte Rassen können die Haltung ihrer Rute kaum noch verändern. Das gilt insbesondere für Hunde mit kupierter Rute, deren Signalwirkung von „nicht vorhanden" bis zur „Dauerimponierhaltung" reichen kann. Bei einigen Hunderassen finden sich gar Kombinationen all dieser Einschränkungen. Als Beispiel hierfür mag noch einmal der Briard dienen, der Hängeohren, eine unkenntliche Gesichtsmimik und zumeist eine einheitliche Fellfärbung in sich vereinigt. Es liegt auf der Hand, dass die sichtbaren Verständigungsmöglichkeiten solcher Rassen drastisch eingeschränkt sind.

Allen Hunderassen stehen allerdings auch **Laute** zur Verfügung. Das Lautsystem des Hundes zeichnet sich nicht durch eine besonders große Anzahl verschiedener **Laute** aus, sondern wird vielmehr durch die Kombinationsmöglichkeiten hörbarer Signale untereinander oder auch mit Signalen anderer Systeme – vor allem denen aus dem sichtbaren Bereich – so umfangreich.

Besonders wichtig für den Gruppenzusammenhalt ist die Verständigung durch **Berührung.** Diese Form des Körperkontaktes ist Merkmal einer Bindung zwischen Hunden. Dazu gehört die soziale Fellpflege ebenso wie Kontaktliegen, „Schnauzenzärtlichkeiten" und viele andere Arten von Berührungen. Wichtig ist der Körperkontakt aber auch zwischen Hund und Mensch. Für einen Hund sind Berührungen genauso wichtige Signale wie für uns Menschen. Entspanntes Streicheln, häufiges Berühren und ähnliches festigt die Bindung in hohem Maße und darf als Verständigungsmittel keinesfalls unterschätzt werden.

Schließlich ist noch die **geruchliche Verständigung** der Hunde zu nennen. Das Geruchsvermögen des Hundes ist sehr viel besser als das des Menschen. Daher werden bei Hunden auch sehr viele Informationen auf diesem Weg übertragen. So setzen Rüden mit ihrem Urin Territoriumsmarken, und der Urin einer Hündin kann deren Fortpflanzungsbereitschaft signalisieren. Solche Geruchssignale enthalten Informationen auch oder vor allem für mögliche Empfänger, die dem Sender nicht bekannt sind. Denn der Vorteil dieser Art von Signalen ist vor allem der, dass sie über längere Zeit wirksam sind: sie sind auch dann noch anwesend, wenn derjenige, der die Information übermitteln möchte, schon weit entfernt sein kann.

Für den Menschen sind die Geruchssignale von Hunden natürlich nicht zu

> **Hinweis**
> Das Kupieren der Ohren oder der Rute ist nicht nur extrem schmerzhaft für den Hund, es schränkt auch seine Ausdrucksmöglichkeiten drastisch ein! Daher ist in Deutschland das Kupieren der Ohren seit 1987 und das Kupieren der Rute seit 1998 verboten. In vielen anderen Ländern ist es jedoch leider nach wie vor erlaubt.

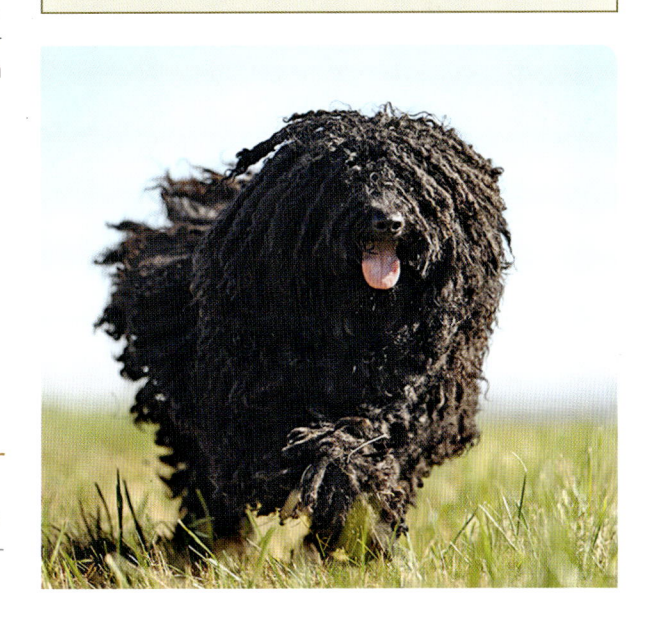

▶ Manche Haushundrassen, wie dieser Puli, sind durch ihr Aussehen in ihren sichtbaren Verständigungsmöglichkeiten eingeschränkt.

verstehen. Das ist aber auch nicht allzu schlimm, da für uns solche Signale von vorrangiger Bedeutung sind, die von einem Hund direkt an seinen Sozialpartner gerichtet werden. In diesem Zusammenhang spielen auch verdeckte Signale eine wichtige Rolle. Das sind leichte, oft kaum erkennbare Veränderungen von **Signalkomplexen**, deren Bedeutung sich aufgrund solcher Abweichungen jedoch ganz entscheidend verändern kann. Beispielsweise kann ein Drohen nur durch die Veränderung der Rutenhaltung oder auch durch die bloße Übertreibung der zugehörigen Kommunikationselemente zur Spielaufforderung werden. Um solche feinen Signalvariationen zu erkennen, ist es notwendig, seinen Hund sehr gut zu beobachten und verstehen zu lernen. Denn nur dann ist eine wirklich gute Abstimmung aufeinander möglich, die für ein langjähriges harmonisches Zusammenleben nötig ist.

▶ Körperkontakt stärkt die Bindung. Dazu muss ein Hund nicht auf der Couch liegen dürfen – es ist im Gegenteil sogar besser, selbst die Initiative zu ergreifen und den Kontakt zu suchen.

Die Verständigungsmöglichkeiten des Hundes sind also insgesamt sehr vielschichtig und umfangreich. Schon aus diesem Grunde ist es für den Menschen nicht einfach, das Kommunikationssystem des Hundes zu erlernen. Um tatsächlich eine Verständigung zwischen Hund und Mensch zu erreichen, die ja im biologischen Sinne für beide Seiten von Vorteil sein soll, ist es notwendig, dass der Mensch sich auf die Verständigungsmöglichkeiten des Hundes einstellt: Wenn ein Hund auch vieles erlernen kann – die Sprache, also die Verständigung durch Worte, bleibt ein Privileg des Menschen.

Die verschiedenen Lebensphasen

Mit dem Lebensalter verändern sich auch die Bedürfnisse – das ist bei Hunden nicht anders als bei Menschen. Entsprechend stellen sich auch im Verhalten des Hundes Veränderungen ein, denn letztlich sind es ja eben seine jeweiligen Bedürfnisse, die ein Vierbeiner über sein Verhalten mitteilt.

Die frühe Welpenzeit: einseitige Kommunikation

In den ersten zwei Wochen ihres Lebens ist die Kommunikation von Welpen vor allem darauf ausgerichtet, der Mutter Informationen mitzuteilen. Die Hundewelpen sind zunächst blind und können auch noch nicht hören. Sie sind völlig hilflos und gerade mal in der Lage, mühsam kurze Strecken zu krabbeln, was sie aber auch nur dann tun, wenn es absolut notwendig ist. Das ist eigentlich nur dann der Fall, wenn ein **Welpe** den Kontakt zu seinen Geschwistern verliert oder wenn er Hunger hat und nach der Zitze seiner Mutter sucht. Wenn die neugeborenen Welpen herumkriechen, reagieren sie auf Berührungen und auch auf Wärmereize. Konkret bedeutet das, dass ein Welpe immer versuchen wird, auf eine Wärmequelle hinzukriechen. Diese instinktive Verhaltensweise ist für einen neugeborenen Hund überlebenswichtig, weil er seine Körpertemperatur zunächst nicht selbst regulieren kann und auf die „Nestwärme" seiner Mutter und seiner Geschwister angewiesen ist.

Immer dann, wenn er sich nicht selber helfen kann, ist es sehr wichtig für einen Welpen, in irgendeiner Weise seine Mutter auf sich aufmerksam machen zu können. Die einzigen aktiven Verständigungsmöglichkeiten des kleinen Hundes sind in dieser Zeit daher die Laute, die er von sich geben kann. Entsprechend der Bedürfnisse eines Welpen, die zunächst einmal körperlicher

▶ Völlig hilflos: Hundewelpen sind zunächst blind und taub und auf die Nähe zur Mutter und den Geschwistern angewiesen.

Natur sind und sich um Wärme und Nahrung drehen, sollen Welpenlaute der Mutter mitteilen, welcher Welpe ein Bedürfnis hat und wie dringend es ist. Was der Welpe genau braucht, muss die Mutter dann allerdings selbst herausfinden. Dazu nutzt sie alle ihre Sinne:
- sie *sieht* die Gesamtsituation: zum Beispiel, ob ein Welpe den Kontakt zu seinen Geschwistern verloren hat
- sie *hört* die Laute der Welpen
- sie *riecht* an ihren Kindern und beleckt die Welpen; auf diese Weise kann sie Krankheiten feststellen
- sie *fühlt* die Bewegungen der Welpen an ihrem Körper: zum Beispiel, ob ein hungriger Welpe nach den Zitzen der Mutter sucht

Doch noch einmal zurück zu den Lauten, die der Welpe bereits vor dem Öffnen der Augen von sich gibt. Zunächst einmal muss gesagt werden, dass Hundewelpen, die satt sind und warm und geborgen aneinander gekuschelt liegen, in aller Regel gar keine Laute von sich geben. Mit anderen Worten: Wenn Laute aus dem Welpenlager zu hören sind, fühlt sich wahrscheinlich irgendein Welpe irgendwie unwohl (oder er träumt). Dabei wird die Dringlichkeit des Bedürfnisses, das zu dem Unwohlsein führt, durch unterschiedliche Laute in verschiedenen Lautstärken ausgedrückt. Welche Arten der Lautäußerung es gibt und was sie bedeuten wird im Kapitel „Verständigung durch Laute", Seite 58, näher erläutert.

Gegen Ende der zweiten Lebenswoche öffnen Hundewelpen ihre Augen. Die volle Sehfähigkeit ist allerdings erst ungefähr eine Woche später erreicht. Zur gleichen Zeit findet auch die volle Entwicklung des Gehörs statt. Von diesem Zeitpunkt an nutzen die jungen Hunde alle Systeme der Verständigung, die ihnen die Natur mit auf den Weg gegeben hat.

In der Geschwindigkeit der körperlichen und seelischen Entwicklung gibt es große Unterschiede zwischen verschiedenen Hunderassen. Das bedeutet aber nicht, dass bestimmte Rassen insgesamt **Spätentwickler** und andere **Frühentwickler** sind. Vielmehr ist es so, dass bestimmte Verhaltensweisen bei einigen Rassen früher oder später auftreten als bei anderen, wobei es große Unterschiede auch zwischen den Individuen einer Rasse gibt. Schäferhundewelpen zum Beispiel zeigen häufig bereits früh viele Bewegungsabläufe wie Sitzen, Stehen usw., entwickeln aber erst zu einem späten Zeitpunkt ihre Gesichtsmimik. Es lassen sich aber für alle Rassen – wenn auch zeitlich ein wenig versetzte – **Entwicklungsphasen** feststellen.

Die Prägephase: wichtig fürs ganze Leben

Es ist von entscheidender Bedeutung für die weitere Entwicklung jedes Hundes, dass er in bestimmten Entwicklungsphasen bestimmten Reizen ausgesetzt wird, also entsprechende Erfahrungen macht. Vor allem die innere Bereitschaft zu einzelnen Verhaltenstendenzen wird sehr früh und unwiederbringlich festgelegt. Zwar ist es

> **Tipp**
> Welpen sollten auf keinen Fall zu früh von der Mutter und den Geschwistern getrennt werden! Das Verhalten von Mutter und Welpen zeigt deutlich, wann diese für eine Trennung bereit sind – häufig ist das zehn bis 12 Wochen nach der Geburt der Fall.

▶ „Autsch!" Welpen müssen erst lernen, im Spiel nicht zu fest zuzubeißen. Das gehört mit zu den Dingen, die sie am besten von ihrer Mutter und ihren Geschwistern lernen.

nicht so, dass in den ersten Lebenswochen bereits vorbestimmt wird, ob ein Hund später bissig wird oder nicht. Aber die Tendenz des Hundes, auf spätere Ereignisse in seinem Leben eher aggressiv oder ängstlich, aktiv oder passiv zu reagieren, wird in dieser Zeit maßgeblich beeinflusst. Diese sogenannte **Prägungsphase,** in der die sozialen Erfahrungen in hohem Maße beeinflussen, in welchem Ausmaß sich ein Hund später in eine bestimmte Richtung entwickeln kann, liegt zwischen der dritten und der 20. Lebenswoche. Der Höhepunkt der sogenannten kritischen Phase wird in der siebten Lebenswoche vermutet. Die Bedingungen, unter denen ein Welpe lebt, bevor er in seine spätere Familie kommt, haben also bereits einen großen Einfluss auf sein späteres Leben.

Die Meinungen darüber, in welchem Alter ein Welpe von der Mutter und den Wurfgeschwistern getrennt werden darf, sollte oder gar muss, gehen weit auseinander. Während einige Experten die Ansicht vertreten, dass ein Welpe nicht vor dem Ende der achten Lebenswoche von der Mutter getrennt werden sollte, sagen andere, dass man einen jungen Hund auf keinen Fall später zu sich holen darf, besser jedoch bereits in der sechsten Lebenswoche.

Während der gemeinsamen Zeit mit ihrer Mutter lernen Welpen gerade im Bereich des Ausdrucksverhaltens viele und wichtige Dinge. Dazu gehört zum Beispiel auch die sogenannte **Beißhemmung:** Die Welpen lernen, dass eine negative Reaktion erfolgt, wenn sie im Spiel zu fest zubeißen. Sie werden beispielsweise von der Mutter weggeschubst. Natürlich ist es für den Menschen bei der weiteren Erziehung des Hundes sehr hilfreich, wenn der Welpe bereits ein artgerechtes Verhaltensrepertoire erlernt hat. Ist also ausreichender Kontakt zu Menschen gewährleistet, ist eine etwas spätere Trennung des Welpen von seiner Mutter in jedem Falle besser als eine zu frühe.

Das Alter: wenn die Sinne nachlassen

Neben der frühen Entwicklungsphase kann auch der Eintritt ins Seniorenalter eine empfindliche Lebensphase für einen Hund sein. Durchaus unterschiedliche Ursachen mögen hierfür verantwortlich sein. **Verschlechterungen der Sinnesfähigkeiten,** also beispielsweise nachlassendes Seh- oder Hörvermögen können dazu führen, dass der Hund seine Umwelt nicht mehr optimal wahr-

Ausdrucksverhalten des Hundes

nimmt. Daraus kann eine steigende **Umweltunsicherheit** resultieren und zuvor völlig unproblematische Situationen werden eventuell als verwirrend oder beängstigend empfunden.

Ebenfalls altersbedingt nachlassen können die **Lern- und Gedächtnisleistungen** eines Hundes. Meist betreffen solche Einschränkungen aber keine Informationen, die der Hund schon sehr lange und sehr gut erlernt hat. Auch die Erinnerung an motorische Abläufe ist selten betroffen. Es kann für einen alten Hund jedoch sehr viel schwieriger sein, neue Dinge zu erlernen und komplexe Situationen zu meistern. Entsprechend

▶ Drei, die zusammenhalten. Die Sinne eines Hundeseniors lassen nach und seine Bedürfnisse ändern sich. Kein Problem, wenn man entsprechend darauf eingeht.

sollte man unter Umständen die **Leistungsanforderungen** an einen alten Hund nicht nur in Bezug auf seine körperlichen, sondern auch auf seine geistigen Fähigkeiten **absenken.**

Solche Beeinträchtigungen können für den Hund natürlich zu massivem Stress führen, denn er sieht sich plötzlich nicht mehr in der Lage, Anforderun-

Das Alter: wenn die Sinne nachlassen

gen zu meistern, die ganz selbstverständlich an ihn gestellt werden. Auch emotionale Veränderungen können bei einem älteren Hund auftreten. Vor allem eine erhöhte Ängstlichkeit kann mit allen oben genannten Entwicklungen in Verbindung stehen. Es ist leicht nachvollziehbar, dass häufige oder sogar dauerhafte Angst sehr belastend ist und, vor allem bei einem alten Hund, auch zu körperlichen Problemen führen kann.

Aus all den hier angeführten altersbedingten Veränderungen sollte jedoch keineswegs abgeleitet werden, dass ein alter Hund möglichst von seiner Umwelt abgeschottet und „in Watte gepackt" werden sollte. Selbst wenn ein Hund im Alter deutliche Leistungsschwächen entwickeln sollte, würde der vollständige Entzug gewohnter Aufgaben eher noch zusätzliche Irritation verursachen. Es ist aber wichtig zu berücksichtigen, dass im **Alter** bei einem Hund umfangreiche Veränderungen möglich sind, die es erforderlich machen, ihm zusätzliche **Hilfen** und vor allem **mehr Zeit** zu geben, damit er die ihm gestellten Aufgaben bewältigen kann.

Hunde altern nicht nur in Abhängigkeit von ihrer Rasse, sondern ebenso wie wir Menschen, individuell sehr unterschiedlich schnell. Es ist daher nicht sinnvoll, feste Altersgrenzen für bestimmte Leistungsanforderungen zu setzen. Vielmehr liegt es in der Verantwortung jedes Hundehalters, Veränderungen seines Tieres wahrzunehmen und diese, wenn sie dem natürlichen Lauf der Dinge entsprechen, zu akzeptieren.

> **Tipp**
> Es sei betont, dass die meisten Tiere mit dem Nachlassen ihrer körperlichen Leistungsfähigkeit im Alter sehr viel besser zurechtkommen als das oft bei uns Menschen der Fall ist.

> **Tipp**
> Wenn ein älter werdender Hund in für ihn untypischen Situationen unsicher, irritiert oder nervös reagiert, sollten altersbedingte Gedächtnisstörungen in Betracht gezogen werden.

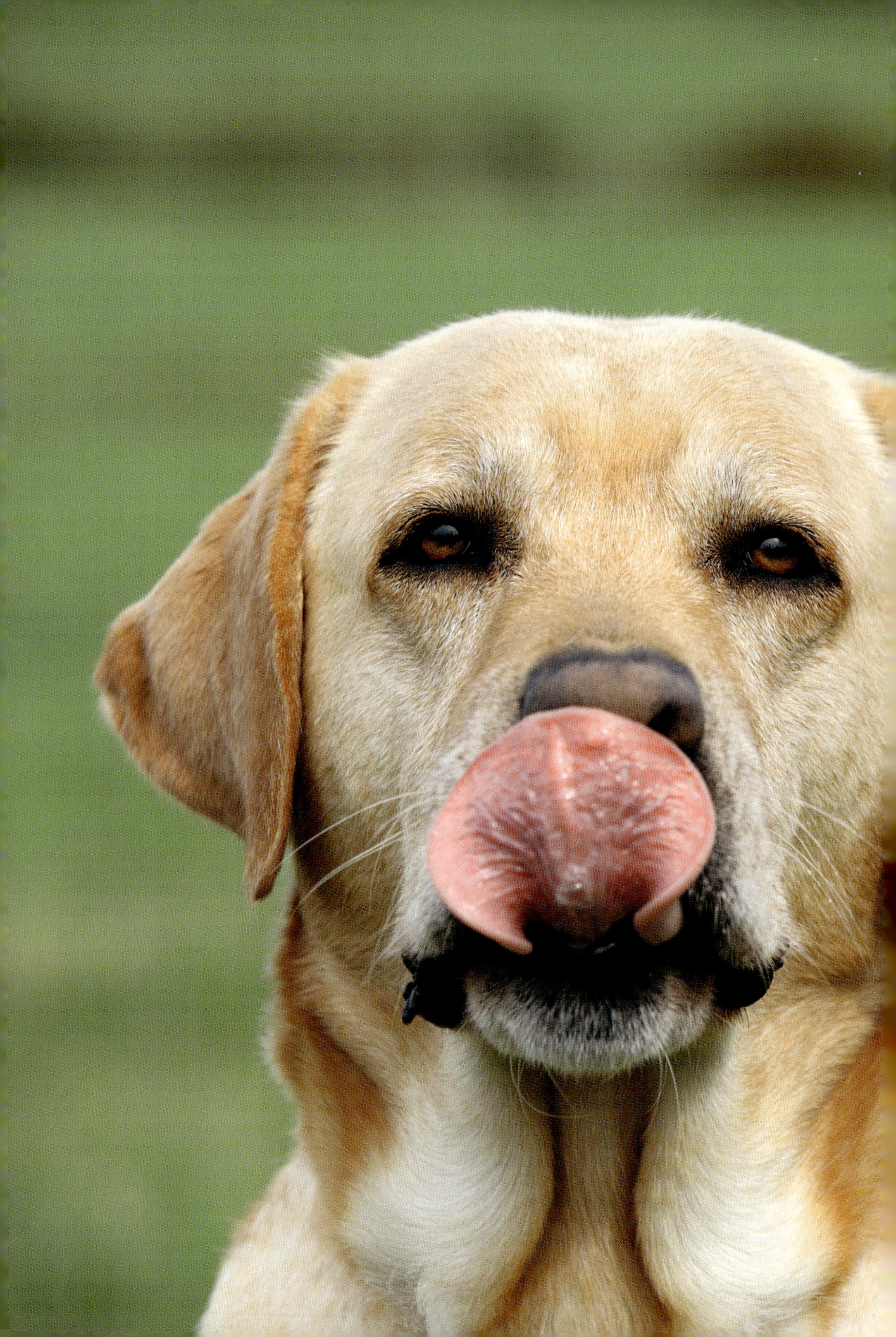

Elemente der Körpersprache

Wie Hunde sich ausdrücken

Man kann Hunde sein Leben lang beobachten und immer wieder etwas Neues lernen. Jeder Hund hat seine Eigenarten – eine eigene Persönlichkeit. Es gibt aber auch einige grundlegende Elemente im Hundeverhalten und in ihrer Körpersprache, die allen Hunden gemeinsam sind.

Jeder Hund ist anders

Es ist für den Menschen als Sozialpartner eines Hundes ebenso wichtig wie für dessen Artgenossen die Körpersignale eines Hundes möglichst schnell in bestimmte **grundlegende Kategorien** einzuordnen. Die richtige Auslegung des Ausdrucks und der daraus folgenden Absichten des Gegenübers (neutral, freundlich, ängstlich oder aggressiv) ist notwendig, um in der jeweiligen Situation angemessen reagieren zu können. Denn natürlich sollte man auf einen Neutralität signalisierenden Hund ganz anders zugehen als auf einen, der einen aggressiven Eindruck macht.

Grundsätzlich stellen Hunde gegensätzliche Absichten durch ebenfalls genau entgegengesetzte Körpersignale dar. Während sich also beispielsweise ein drohender Hund möglichst groß macht und sein Gegenüber starr ansieht, macht sich ein unterwürfiger Hund möglichst klein und weicht dem Blick seines Gegenübers aus.

▶ Dieser Dackel denkt noch nach: Das Schieflegen des Kopfes deutet oftmals an, dass der Vierbeiner damit beschäftigt ist, eine Situation zu deuten.

Das unterschiedliche Aussehen der Haushundrassen macht es allerdings unmöglich, allgemein gültige Schablonen für bestimmtes Ausdrucksverhalten zu bestimmen. Wie bereits erwähnt, sind bei verschiedenen Rassen einzelne Signale aufgrund angeborener äußerer Merkmale oder auch aufgrund massiver Eingriffe des Menschen stark verfälscht oder sie fehlen sogar ganz. Aus diesen Gründen kann der jeweilige **Gesamtausdruck** verschieden aussehender Hunde bei gleicher Ausdrucksabsicht sehr unterschiedlich wirken. Für die folgenden Beschreibungen der grundlegenden Ausdruckskategorien soll daher der Stammvater des Haushundes, der Wolf, sozusagen als optische Grundlage dienen.

▶ Der Gesichtsausdruck eine Bordeauxdogge ist sehr schwer zu lesen. Hier helfen vor allem die Ohrenstellung und die Gesamtkörperhaltung weiter.

Verständigung durch Körpersprache

Die Körpersprache des Hundes spiegelt seinen Gemütszustand wieder. Diesen richtig zu „lesen", ist die Grundlage allen Verstehens zwischen Zwei- und Vierbeiner.

Verschiedene Ausdrucksformen

Die Einteilung der Signale und Signalkombinationen des Haushundes erfolgt der Übersicht und Verständlichkeit halber in Form von grundlegenden Ausdruckskategorien. Es darf aber nicht vergessen werden, dass darüber hinaus unzählige Abstufungsmöglichkeiten, Übergangs- und auch Mischformen zwischen diesen Kategorien möglich sind. Diese geben Auskunft über die Intensität der Empfindungen, die Dringlichkeit einer Absicht oder auch über eine eventuelle Zwiespältigkeit des Hundes. Gleichzeitig muss bei der Interpretation des Ausdrucks eines Hundes natürlich auch immer die **Situation** berücksichtigt werden, in der er sich befindet. Man kann eine bestimmte Verhaltensweise nicht als gut oder schlecht einstufen, sondern höchstens als situationsgerecht oder nicht situationsgerecht. Mit anderen Worten: Ein aggressiver Ausdruck charakterisiert nicht automatisch einen bösartigen Hund, denn in manchen Situationen ist Aggressivität eine durchaus situationsgerechte Reaktion. Die Einordnung des Ausdrucksverhaltens eines Hundes kann und soll ausschließlich dazu genutzt werden, Rückschlüsse auf den „Gemütszustand" des Tieres zu ziehen.

Die Beurteilung dieses Verhaltens und letztlich auch die Reaktion des Menschen darauf hängen von wesentlich mehr Faktoren ab.

Die Persönlichkeit des Hundes spielt dabei eine wichtige Rolle: Manche Hunde reagieren auf Unsicherheit beispielsweise eher passiv, andere eher aktiv. In beiden Fällen ist es wichtig, dass der Mensch die Reaktion richtig einordnet und den Hund dabei unterstützt, seine Unsicherheit zu überwinden.

Um diese Unterstützung geben zu können, muss der Mensch sein Tier nicht nur gut kennen, sondern auch sein Vertrauen besitzen. Vertrauen kann aber nur entstehen, wenn der Mensch aus Sichtweise des Vierbeiners situationsgerecht reagiert. Hierauf aufbauend kann der Mensch schließlich seine Aufgabe wahrnehmen, seinen Hund darin anzuleiten, sich auch in einer Menschenwelt situationsgerecht zu verhalten.

▶ Entspannt, aber aufmerksam: Wer seine Umgebung im Blick behält, kann jederzeit auf Veränderungen reagieren.

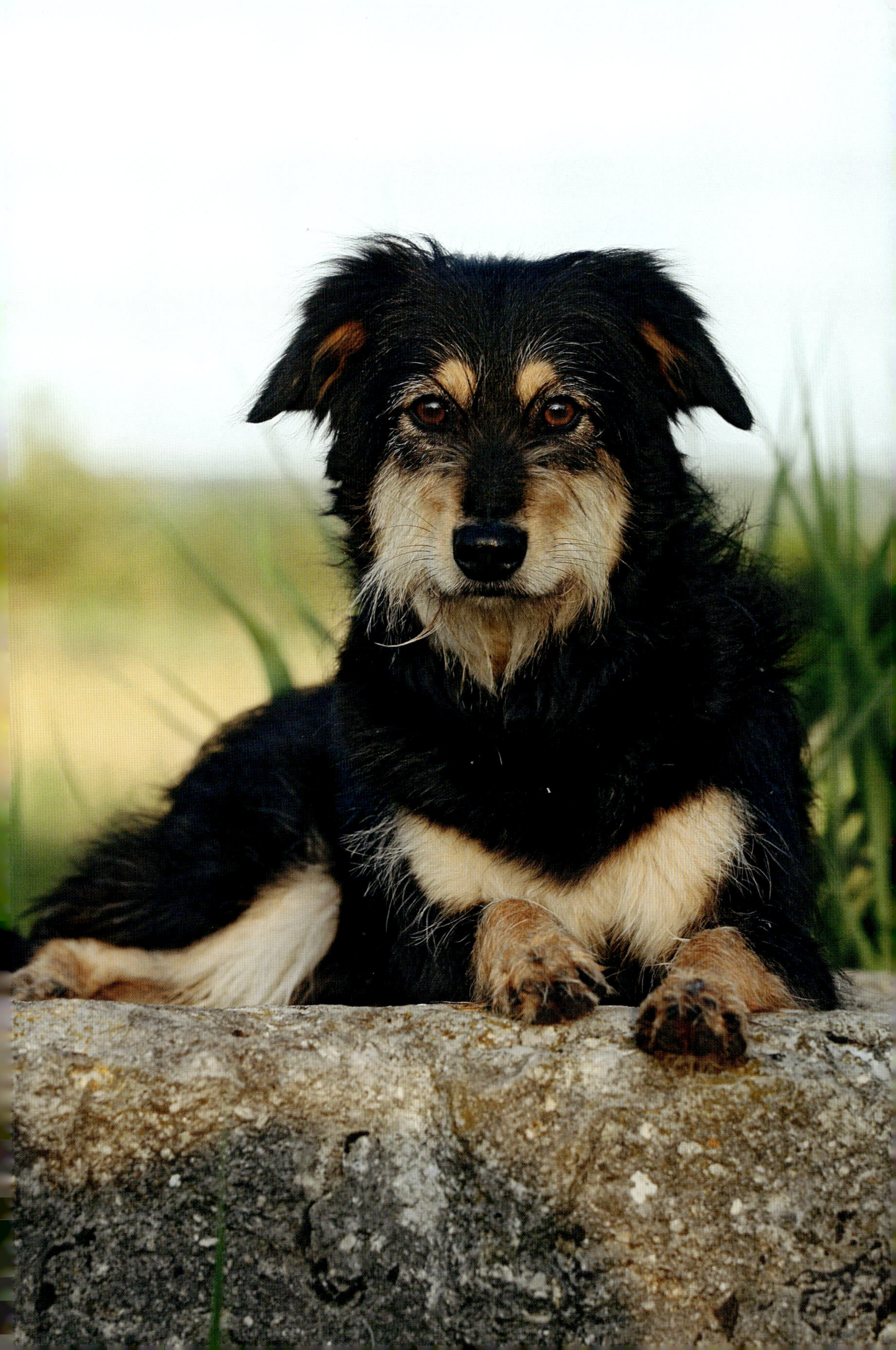

Elemente der Körpersprache

Offen für alles:
neutraler Ausdruck

Offen für alles ist ein Hund dann, wenn er einen neutralen Ausdruck zeigt. Häufig verfolgt ein Hund keinerlei bestimmte Absichten und ist auch keinen positiven oder negativen Einflüssen ausgesetzt. Ganz entsprechend wirkt er dann neutral: Es sind keine eindeutigen Absichten zu erkennen, keine Laute zu hören und es findet auch keine körperliche Annäherung statt.

Ein Hund, der beim Anblick eines **nicht vertrauten Artgenossen** oder Menschen Neutralität ausdrückt, ist zunächst einmal schwer einzuschätzen. Die weitere Annäherung oder Kontaktaufnahme eines nicht vertrauten Menschen sollte also in kleinen Schritten erfolgen, da eine freundliche Reaktion dieses Hundes ebenso möglich ist wie eine ängstliche oder aggressive.

Zeigt ein Hund häufig einen neutralen Ausdruck auf die Zuwendung durch seinen Menschen, so besteht allerdings eher Anlass zur Sorge. Denn eine gute Bindung zwischen Hund und Mensch äußert sich auch immer in einer aufmerksamen, freundlichen oder auch leicht unterwürfigen Reaktion des Tieres auf die Ansprache durch seine Menschen. Erfolgt dies nicht, so sollte der Halter sich fragen, ob er sich wirklich in ausreichendem Maße mit seinem Hund beschäftigt. Denn eine mangelnde soziale Bindung wird über kurz oder lang unweigerlich zu Konfliktsituationen führen – und genau auf eine solche fehlende Bindungsintensität weist eine neutrale Reaktion bei Ansprache oder Zuwendung hin.

Tipp
Nähern Sie sich auch einem neutral wirkenden, fremden Hund nur in kleinen Schritten und beobachten Sie aufmerksam seine Reaktion!

Neutraler Ausdruck

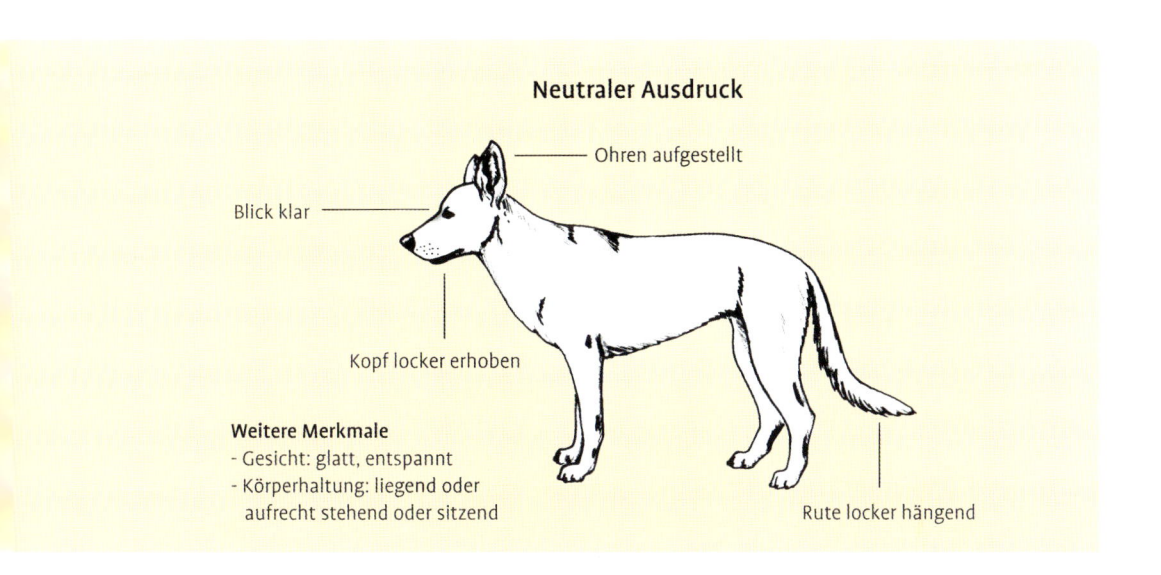

Ohren aufgestellt

Blick klar

Kopf locker erhoben

Rute locker hängend

Weitere Merkmale
- Gesicht: glatt, entspannt
- Körperhaltung: liegend oder aufrecht stehend oder sitzend

▶ Offen für alles: Bei Hunden, die einen neutralen Ausdruck zeigen, sind keine eindeutigen Absichten zu erkennen.

Hier gehör' ich hin:
freundlich-unterwürfiger Ausdruck

Wissen, wohin er gehört, ist sehr wichtig für jeden Hund. Ein Vierbeiner, der seine menschlichen Sozialpartner auch als solche empfindet, drückt das sehr deutlich aus. Ein wichtiger Ausdruck sozialer Bindung ist die sogenannte **aktive Unterwerfung.** Die aktive Unterwerfung findet bei der Begrüßung statt und dient dazu, Bindungen zu demonstrieren und zu festigen. Typisch ist, dass der Hund zu versuchen scheint, die Mundwinkel des Sozialpartners zu belecken. Dieses Mundwinkellecken ist bei Welpen ein Signal des Futterbettelns, es dient jedoch auch als Beschwichtigungsgeste gegenüber älteren Artgenossen oder auch Menschen. Häufig kann man in diesem Zusammenhang den Hund auch fiepen oder winseln hören. Welpen zeigen die aktive Unterwerfung gegenüber jedem erwachsenen Hund; dieser sollte darauf freundlich-beschwichtigend reagieren.

Bei erwachsenen Hunden ist das **Mundwinkellecken** ausschließlich eine Demonstration der eigenen Unterlegenheit. Oft wird dieses Verhalten nur angedeutet gezeigt. Es bedeutet die Anerkennung der übergeordneten Stellung des Gegenübers auf eine positive Art und Weise.

Bei dieser **aktiven Unterwerfung** geht – wie der Begriff schon sagt – die Initiative immer vom sich unterwerfenden Hund aus. Sinn und Zweck dieses Verhaltens ist es, vorbeugend zu beschwichtigen, also gar nicht erst eine aggressive Stimmung aufkommen zu lassen. In keinem Fall ist die aktive Unterwerfung als mangelndes Selbstbewusstsein des Hundes zu verstehen oder überhaupt in irgendeiner Weise negativ zu interpretieren. Dieses Verhalten ist ausschließlich positiv und sollte immer ein entsprechendes Verhalten des Gegenübers zur Folge haben. Bereits ein kurzes, freundliches Streicheln als Reak-

> **Tipp**
> Machen Sie sich bewusst, dass „Unterwürfigkeit" bei einem Hund keine Charakterschwäche bedeutet, sondern ein positives soziales Signal darstellt.

Freundlich-unterwürfiger Ausdruck

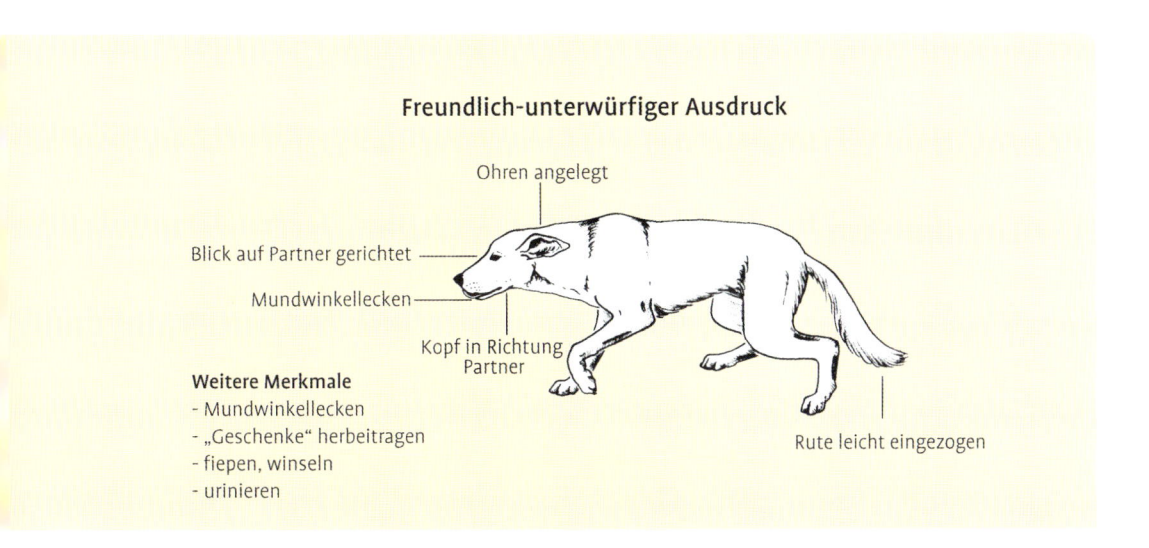

- Ohren angelegt
- Blick auf Partner gerichtet
- Mundwinkellecken
- Kopf in Richtung Partner
- Rute leicht eingezogen

Weitere Merkmale
- Mundwinkellecken
- „Geschenke" herbeitragen
- fiepen, winseln
- urinieren

tion auf die aktive Unterwerfung eines Hundes genügt und wirkt sich ausgesprochen festigend auf die **soziale Bindung zwischen Hund und Mensch** aus.

Ein Hund wird sich auch bei der Rückkehr seiner Menschen oft aktiv unterwerfen. Denn bei der **Begrüßung** werden die Bindung und auch die Rangordnung zwischen den Beteiligten bestätigt. Manchmal fiepen oder winseln Hunde bei dieser Gelegenheit oder tragen ein Spielzeug oder einen Knochen herbei, um dieses „Geschenk" dem Menschen vor die Füße zu legen. Dies ist ebenfalls als Beschwichtigungsgeste zu verstehen.

Vor allem dann, wenn den Hundebesitzer durchwühlte Papierkörbe oder angeknabberte Schuhe erwarten, wird freundlich-unterwürfiges Verhalten des Hundes gern als **schlechtes Gewissen** interpretiert. Das ist zwar vermenschlichend, führt aber in diesem Falle meistens trotzdem zu der gewünschten, nämlich freundlichen Reaktion des Menschen und damit zu einer entspannten Situation.

▶ Mundwinkellecken ist beim Welpen ein Signal des Futterbettelns, dient jedoch auch als Beschwichtigungsgeste, also der aktiven Unterwerfung.

Elemente der Körpersprache

Alles easy:
freundlich-selbstbewusster Ausdruck

Entspannte Neugierde kann ein Hund gegenüber Artgenossen oder auch Menschen zeigen, denen er sich zwar nicht unterordnen muss, die aber auch keine Konkurrenten sind. Demonstriert werden soll die Bereitschaft zu freundlichem Umgang miteinander, was auch noch durch Beschnuppern, Beknabbern, Anstupsen mit der Schnauze und andere Aktivitäten unterstrichen werden kann. Bestimmte Laute gibt es für diese Situation nicht. Das Gegenüber hat nun die Möglichkeit, auf diese **freundliche Annäherung** einzugehen. Hieraus kann sich ein Sozialspiel entwickeln oder man geht einfach wieder seiner Wege.

Tipp
Besucher sollten von Ihrem Hund freundlich-selbstbewusst begrüßt werden. Bei Ihrer Begrüßung darf Ihr Vierbeiner ruhig ein bisschen unterwürfig sein.

Gegenüber seinen Sozialpartnern kann und sollte ein Hund im unbeschwerten Umgang miteinander freundlich-selbstbewusst auftreten. Das ist immer dann der Fall, wenn die Situation in keinem Zusammenhang mit möglichen Rangordnungskonflikten steht, es also nicht notwendig ist, die eigene Stellung im Sozialverband zu demonstrieren.

Ein freundlich-selbstbewusster Ausdruck kann in bestimmten Situationen aber auch zeigen, dass aus Sicht des Hundes zwischen ihm und seinem Gegenüber kein Rangordnungsgefälle besteht – obwohl es das sollte. Wie im vorherigen Abschnitt beschrieben, wird im Rahmen der Begrüßung die bestehende Rangordnung bekräftigt, in der ja der Mensch – vor allem auch aus Sicht des Hundes – übergeordnet sein sollte. Zeigt der Hund jedoch statt einer aktiven Unterwerfung zur Begrüßung einen freundlich-selbstbewussten Ausdruck,

Freundlich-selbstbewusster Ausdruck

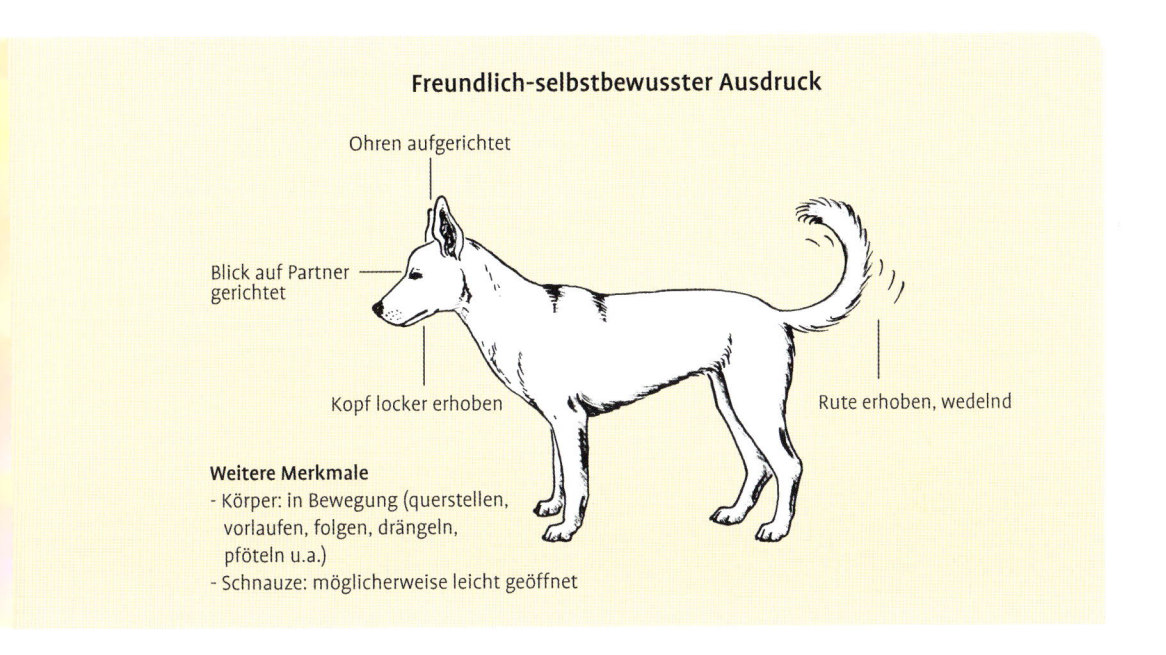

- Ohren aufgerichtet
- Blick auf Partner gerichtet
- Kopf locker erhoben
- Rute erhoben, wedelnd

Weitere Merkmale
- Körper: in Bewegung (querstellen, vorlaufen, folgen, drängeln, pföteln u.a.)
- Schnauze: möglicherweise leicht geöffnet

ist das zwar an sich nicht problematisch, kann aber durchaus ein Hinweis auf eine **ungenügend gefestigte Rangordnung** oder aber mangelnde Bindung sein. In einem solchen Fall sollte man sich mit seinem Hund sehr intensiv beschäftigen und auch kritisch beobachten, ob er in Konfliktsituationen – zum Beispiel „Platz" machen, bevor er zu seinem Futter darf – dazu neigt, seinen Willen durchzusetzen. Natürlich sollte ein Hund durchaus seine eigene Persönlichkeit behalten und nicht wie ein Roboter funktionieren. Es ist jedoch zum Schutz anderer Menschen und auch für den Vierbeiner selbst (beispielsweise im Straßenverkehr) wichtig, dass er schnell und konsequent auf Kommandos reagiert. Hierfür ist eine stabile Rangordnung unerlässlich.

▶ Selbstbewusst, aber freundlich – das signalisiert die aufrechte, entspannte Annäherung und die Kontaktaufnahme von Nase zu Nase zwischen zwei Hunden.

Beschwichtigungssignale

Die Beschwichtigung eines (möglicherweise) aggressiven Sozialpartners ist ein äußerst wichtiger Bestandteil der Verständigung zwischen Individuen, die in einem Sozialverband leben. Das gilt auch für Hunde. Selbst wenn eine feste Rangordnung besteht, so werden die verschiedenen **Rangordnungspositionen** bei fast jeder direkten Begegnung immer wieder bestätigt. Dabei zeigt der Ranghöhere häufig aggressive, drohende Signale, worauf der Rangniedere beschwichtigend reagiert. Solche Begegnungen, die häufig als mehr oder weniger **feste Rituale** ablaufen, verhindern sehr effektiv, dass es zu ernsthaften Auseinandersetzungen kommt. Mehr zur Funktion von Aggression finden Sie auch im Kapitel „Problematisches Verhalten".

Die **Signale**, die von Hunden zur Beschwichtigung eingesetzt werden, ähneln zum Teil denen, die auch wir Menschen untereinander verwenden. Beispielsweise macht der Hund sich klein, **duckt** sich also und weicht dem Blick des Drohenden aus. So in etwa würden auch wir uns verhalten, wenn wir einen aggressiven Gesprächspartner beschwichtigen wollten. Auch das **Pföteln** hat für uns Menschen einen eindeutig bittenden Charakter und wird von Hunden oft zur Beschwichtigung eingesetzt. Und schließlich sind noch **Winseln** und **Fiepen** zu nennen, die für uns recht weinerlich klingen und somit auch beschwichtigend wirken.

Allerdings gibt es auch hundliche Signale der Beschwichtigung, die auf den Menschen eher drohend wirken. Hier wären **Zähneblecken, Knurren** oder auch **Bellen** zu nennen. Sehr häufig kann man daher **Missverständnisse**, die

> **Tipp**
> Es ist eine unglückliche Kombination, dass ausgerechnet Signale des Abwehrverhaltens, die die stärksten Zeichen zur Beschwichtigung für den Hund darstellen, von uns Menschen instinktiv falsch verstanden werden und daher exakt die verkehrten, nämlich ängstliche oder aggressive, Reaktionen hervorrufen.

Beschwichtigender Ausdruck

- Ohren seitlich gedreht
- Blick abgewandt
- Nasenrücken gerunzelt
- Zähne gebleckt
- Mundwinkel langgezogen
- Kopf gesenkt
- Rute eingezogen
- Hinterläufe eingeknickt

Weitere Merkmale
- fiepen, winseln
- urinieren

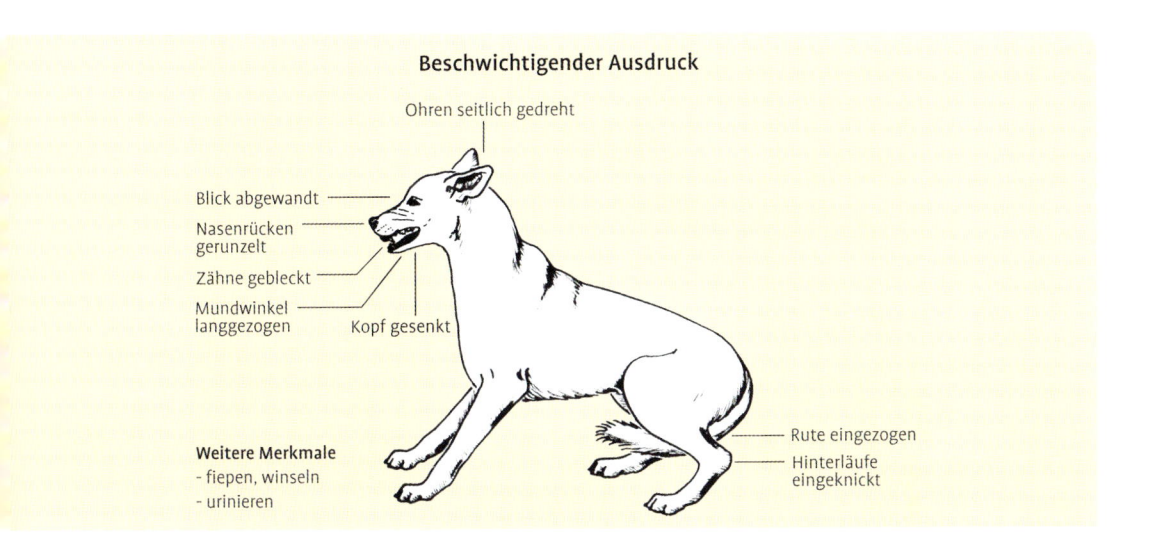

übrigens zu schlimmen Unfällen führen können, in Erziehungs- oder sogar Spielsituationen beobachten, beispielsweise auf dem Hundeplatz beim Agility-Training: Der Hund soll eine neue Aktion erlernen (über eine Wippe laufen). Selbstverständlich muss das nicht beim ersten Mal klappen. Der Hund kann ja nicht wissen, dass es plötzlich wichtig ist, über ein wackeliges Brett zu laufen, anstatt daran vorbei zu gehen. Dafür hat zunächst einmal jeder Hundebesitzer Verständnis und versucht mit viel Geduld, dem Tier zu vermitteln, was von ihm erwartet wird. Hierbei folgt auf jede falsche Aktion des Hundes natürlich ein Negativsignal (z. B. „Nein") des Menschen. Versteht der Hund nach mehreren Versuchen immer noch nicht, worum es geht, werden diese Signale in der Regel deutlicher und massiver. Vor allem Hunde, die eigentlich sehr folgsam sind und ihre Rangposition gut akzeptieren, versuchen nun zu beschwichtigen, also zu verhindern, dass ihr Mensch aggressiv wird: Bekannte Befehle werden sehr schnell befolgt, der nach wie vor unbekannte Befehl wird dagegen mit Winseln, Ducken und Pföteln quittiert, Blickkontakt wird vermieden. Vor allem Letzteres führt oft zu Problemen, denn der Mensch muss die **Aufmerksamkeit** des Hundes ja auf sich richten, um ihn durch die neu zu erlernende Aufgabe zu leiten. Der Hund wird also beim Namen gerufen, um den Blick auf sich zu ziehen, was jedoch für den Hund einen **Konflikt** bedeutet, denn er will beschwichtigen und muss daher dem **Blick** des Menschen **ausweichen**. Dies führt nun aber dazu, dass der Mensch strenger auftritt, der Hund also zum Beispiel lauter gerufen wird.

Wird diese Spirale nicht unterbrochen, folgen als nächstes intensivere Beschwichtigungssignale des Hundes, also etwa Bellen, aber auch Knurren oder gar Zähneblecken. Eine hierauf folgende Strafaktion eines im wahrsten Sinne des Wortes verständnislosen Menschen können im schlimmsten Falle dazu führen, dass der sich nunmehr massiv bedroht fühlende Hunde angreift und beißt

Tu mir nichts:
ängstlich-beschwichtigender Ausdruck

Sich zu verteidigen ist manchmal einfach unumgänglich. Bevor sich ein Hund aktiv wehrt, kann er aber zunächst einmal deutlich machen, dass er sich bedroht fühlt. Er zeigt dann mit Hilfe einer bestimmten Signalkombination sehr klar, dass er keinerlei Interesse an einer Auseinandersetzung hat, weil er sich seinem Gegenüber unterlegen fühlt. Die Absicht eines ängstlichen-beschwichtigen Ausdruckes ist es, Artgenossen oder auch Menschen zu beschwichtigen, die durch Imponier- oder Drohverhaltensweisen ihre **Überlegenheit** signalisieren. Besonders bei Welpen, die einen erwachsenen Hund beschwichtigen wollen, kann man in diesem Zusammenhang auch häufig das bereits beschriebene Mundwinkellecken beobachten.

Viele Vierbeiner heben zur Beschwichtigung des Gegenübers eine Vorderpfote (**Pföteln**), was von Menschen oft instinktiv als Bittgeste empfunden wird. Da dieses Pföteln uns gegenüber ein so außerordentlich erfolgreiches Signal ist, beschränkt sich dessen Einsatz häufig nicht nur auf die oben genannte Situation, sondern wird zu einer universellen Bettelgeste, die der Hund zeigt, wenn er Futter haben, Spazierengehen oder spielen will.

Eine weitere eindringliche Demonstration der eigenen **Unterlegenheit** ist die Abgabe kleiner Urinmengen und intensives Winseln. Wenn alle diese Signale nicht zu einer Beschwichtigung des Gegenübers führen, geht der beschwichtigend-ängstliche Ausdruck des Hundes in ein Abwehrdrohen über (siehe Seite 44). Zeigt beispielsweise ein heranwachsender Welpe bei der Begrüßung diese Verhaltensweisen und uriniert auf den Teppich, so wäre es falsch, ihn dafür zu bestrafen. Stattdessen sollten Sie ihm durch eine freundliche Geste zeigen, dass alles in Ordnung ist.

> **Tipp**
> Reagiert Ihr Hund ängstlich-beschwichtigend auf Ihr Schimpfen, hat er verstanden, dass Sie mit seinem Verhalten nicht einverstanden sind. Belassen Sie es dabei!

Ängstlich-beschwichtigender Ausdruck

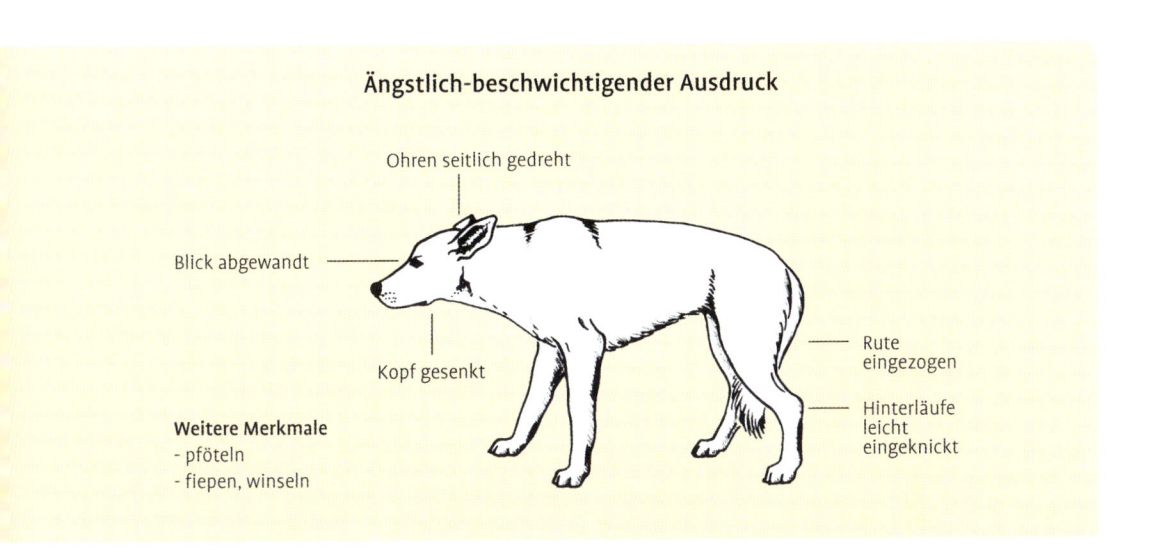

Ohren seitlich gedreht

Blick abgewandt

Kopf gesenkt

Rute eingezogen

Hinterläufe leicht eingeknickt

Weitere Merkmale
- pföteln
- fiepen, winseln

▶ Hier signalisiert der Brandlbracken-Welpe seiner Mutter ganz deutlich seine Unterlegenheit und fordert dabei gleichzeitig zum Spielen auf.

… Dann tu ich dir auch nichts:

abwehrdrohender Ausdruck

Aggressives Verhalten wird selten mit Angst in Zusammenhang gebracht, entsteht aber nicht selten genau hieraus (siehe auch S. 83ff). Ein abwehrdrohender Vierbeiner wirkt vor allem bedrohlich und das ist auch exakt die Funktion dieses Ausdrucksverhaltens: die Bedrohung soll abgeschreckt und auf Distanz gebracht werden. Das zugrunde liegende Gefühl für dieses Verhalten ist jedoch immer starke Angst. Daher ist ein abwehrdrohender Hund, trotz der Demonstration einer aggressiven Verteidigungsbereitschaft, auch eigentlich ausgesprochen bereit dazu, auf nachlassende Bedrohung erneut mit erneuten Beschwichtigungsversuchen zu reagieren.

Das Zurückweichen des Gegners wird von einem abwehrdrohenden Hund also keineswegs so interpretiert, dass er als Überlegener aus dieser Situation hervorgeht. Wie bereits gesagt, ist Abwehrdrohen, trotz des aggressiv wirkenden Charakters dieses Ausdruckes, eine eindeutige **Unterlegenheitsgeste.**

Es ist vor allem für den Menschen wichtig, das Abwehrdrohen nicht als erneute oder fortgesetzte „Aufmüpfigkeit" fehl zu interpretieren. Ein Hund, der die oben beschriebenen Signale zeigt, ist am Ende seiner Möglichkeiten angelangt, Unterlegenheit zu demonstrieren. Weitere Bedrohungen zwingen den Hund – seinem Selbsterhaltungstrieb folgend – zum Angriff und ernsthaftem Kampf. Und dass ein solcher Ernstkampf mit einem Hund in aller Regel für einen Menschen nur schlecht ausgehen kann, muss wohl kaum betont werden.

> **Tipp**
> Sorgen Sie bei einem abwehrdrohenden Hund durch Rückzug für Entspannung der Situation.

Abwehrdrohender Ausdruck

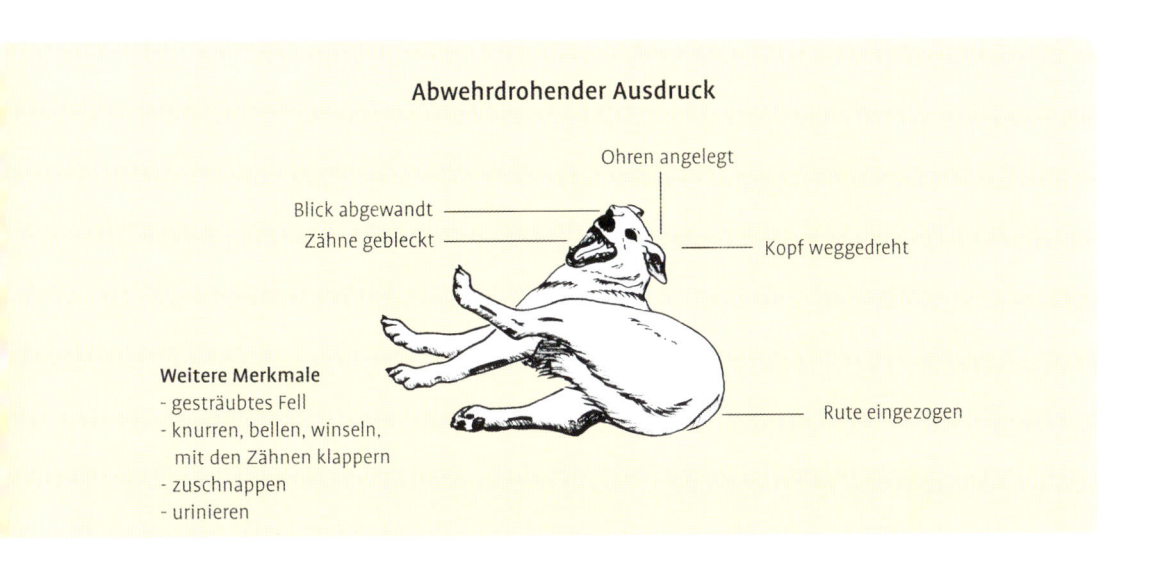

Ohren angelegt

Blick abgewandt

Zähne gebleckt

Kopf weggedreht

Weitere Merkmale
- gesträubtes Fell
- knurren, bellen, winseln, mit den Zähnen klappern
- zuschnappen
- urinieren

Rute eingezogen

▶ Aggressives Zwischenspiel um des lieben Friedens willen: Das Abwehrdrohen beider Hunde, erkennbar an den langgezogenen Mundwinkeln, macht deutlich, dass keiner von beiden auf einen Kampf aus ist.

Versuch's erst gar nicht: imponierender Ausdruck

Ein Vierbeiner will durch **Imponierverhalten** ausdrücken: „Ich bin mindestens genauso stark wie du!" Das Imponieren kann (und soll) als **verdeckte Drohung** verstanden werden. Das heißt, ein imponierender Hund droht keinesfalls mit einem Angriff, er versucht nur deutlich zu machen, dass er im Falle einer ernsthaften Auseinandersetzung ein gleichwertiger oder sogar überlegener Gegner wäre. Das sichtbare Imponierverhalten wird unterstrichen, indem zusätzlich geknurrt, uriniert (verbunden mit Imponierscharren), geschoben oder gedrängelt wird. Es kann aber auch die Pfote auf den Rücken des Gegners gelegt oder das Nackenfell gesträubt werden. Die eigene Größe und Stärke wird dabei durch die Körperhaltung betont, um den Rivalen einzuschüchtern.

Der eigentliche Sinn des Imponierverhaltens liegt darin, eine ernsthafte körperliche Auseinandersetzung zu umgehen. Dieses Verhalten ist in der Natur sehr verbreitet, denn ein Kampf beinhaltet immer die Gefahr einer Verletzung – auch für den Gewinner der Auseinandersetzung. Und selbst eine kleine Verletzung kann sich entzünden und – zumindest bei wild lebenden Tieren – zum Tod führen. Aus diesem Grunde ist es immer sinnvoller, einen Ernstkampf zu vermeiden. Anhand der gegenseitigen Demonstration ihrer Gesundheit, Stärke und Größe schätzen potentielle Gegner ihre Chancen ab, einen möglichen Kampf zu gewinnen oder eben auch zu verlieren.

Ein Hund wird immer dann besonders intensiv und lang andauernd imponieren, wenn er auf einen etwa gleich starken Gegner trifft. Denn gerade ein fast **gleichrangiger Gegner** löst neben Angriffstendenzen immer auch Angst aus. Das Imponieren bietet sozusagen

> **Tipp**
> Akzeptieren Sie – auch bei einem kleinen Hund – *niemals*, wenn er Ihnen gegenüber Imponierverhalten zeigt! Sagen Sie mit fester, tiefer Stimme ein Korrekturwort (z. B. „Aus") und schicken Sie ihn auf seinen Platz.

Imponierender Ausdruck

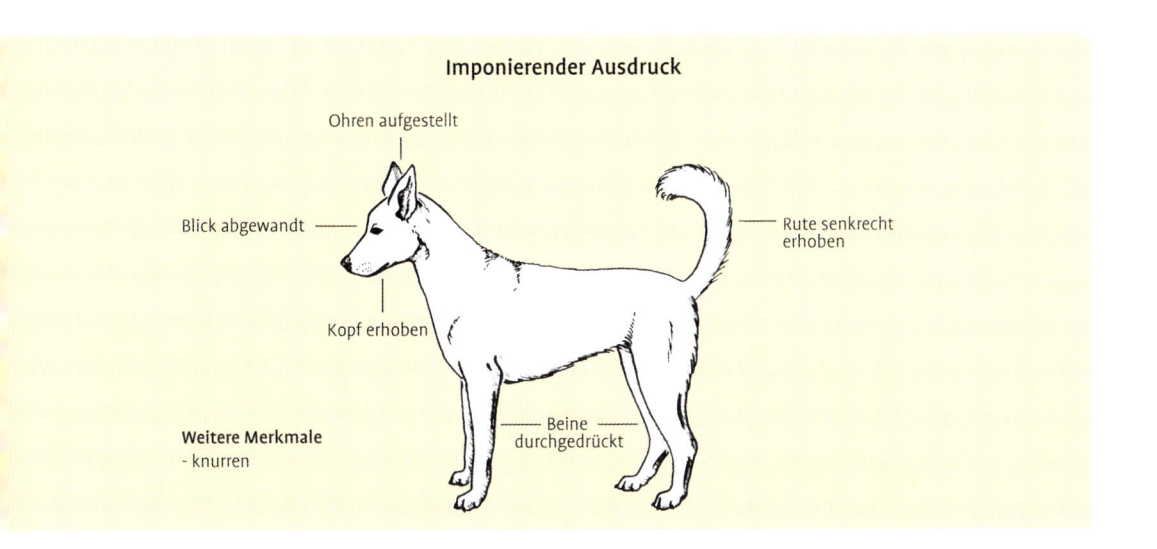

Ohren aufgestellt

Blick abgewandt

Kopf erhoben

Rute senkrecht erhoben

Beine durchgedrückt

Weitere Merkmale
- knurren

eine Ausweichmöglichkeit: Zum einen wird ein Ernstkampf vermieden, zum anderen müssen mögliche Ansprüche aber auch nicht sofort aufgegeben werden, was ja bei einer Flucht der Fall wäre. Dieser Mechanismus funktioniert häufig auch bei Haushunden noch sehr gut. In der Regel imponieren gleich große Rüden voreinander. Ein solcher **Imponier-Wettstreit** kann beendet werden, indem sich einer der beiden Kontrahenten dem eindrucksvoller Imponierenden unterwirft. Ist keiner der beiden bereit nachzugeben, kann es auch zu einem Unentschieden kommen, indem beide Hunde einfach ihrer Wege gehen. Ein unentschiedener Imponier-Wettstreit kann aber auch in einem Kampf enden.

Zu einem Kampf kann es auch kommen, wenn der Mechanismus des Imponierens nicht funktioniert, weil einer der Kontrahenten sich nicht an die Regeln hält. Wenn kleine Hunde ihre körperlichen Fähigkeiten völlig überschätzen und sie ihre Unterlegenheit auch dann nicht akzeptieren, wenn der Gegner seinerseits seine eindeutige Überlegenheit demonstriert, kann es durchaus dazu kommen, dass der größere und in diesem Falle auch überlegene Hund den kleineren angreift. Auch wenn es von unseren menschlichen **Moralvorstellungen** abweicht, sollte man sich bewusst machen, dass in einem solchen Fall der kleinere Hund ein Fehlverhalten gezeigt hat, nämlich mangelnde Unterwerfungsbereitschaft – und nicht der größere.

Verhält sich ein Hund gegenüber seiner menschlichen Bezugsperson imponierend, darf das unter keinen Umständen toleriert werden. Imponieren darf auch bei kleinen Hunden kein Grund zur Belustigung sein, sondern sollte als ernsthafte Bemühung des Tieres verstanden werden, die ihm gesetzten Grenzen zu durchbrechen. Lässt man dies erst einmal zu, ist die Wahrscheinlichkeit, dass der Hund bald auch aggressive Verhaltensweisen zeigen wird, mehr als hoch.

Jetzt reicht's: drohender Ausdruck

„Genug ist genug!" Das ist die eindeutige Aussage eines Hundes, der **Angriffsdrohen** zeigt. Zusätzlich zu den unten genannten Signalen kennzeichnen verschiedene Verhaltensweisen des Hundes ebenfalls seine Angriffsbereitschaft. Hierzu gehören zum Beispiel Knurren und Bellen, Anspringen, Aufreiten, Anrempeln und natürlich das Zuschnappen und Beißen.

Grundsätzlich ist ein Hund dann bereit anzugreifen, wenn er sich überlegen fühlt (Ausnahme: siehe Abwehrdrohen). Ein überlegener Hund ist aber – anders als ein abwehrdrohender – nicht unbedingt in einer für ihn lebensbedrohlichen Situation, die ihn zum Kampf zwingt. Daher kann sein Verhalten, wenn er auf die Gegenwehr eines starken Gegners trifft, durchaus in Flucht oder Unterwürfigkeit umschlagen. Dieses Phänomen lässt sich häufig bei übermäßig selbstbewussten, kleinen Hunden beobachten, die dazu neigen, auch sehr viel größere Hunde anzugreifen. Kommt es tatsächlich zu einer körperlichen Auseinandersetzung, fliehen die kleinen Angreifer zumeist in heller Panik.

In der Regel beabsichtigt ein angriffsdrohender Hund seinen Anspruch auf etwas durchzusetzen. Das kann ein bestimmtes Gebiet sein, Futter oder auch ein anderes Individuum. Ein Angriff kann aber auch erfolgen, um etwas oder jemanden zu verteidigen. Genau dieses Potential macht der Mensch sich bei der Ausbildung eines Hundes zum **Wach- oder Schutzhund** zunutze. Dabei ist allerdings wichtig zu berücksichtigen, dass ein Hund nur bereit ist, jemanden zu verteidigen, zu dem er auch

> **Tipp**
> Droht Ihnen ein fremder Hund, entfernen Sie sich möglichst ruhig, machen Sie keine schnellen Bewegungen. Droht Ihnen Ihr eigener Hund, so ist die richtige Vorgehensweise abhängig von der Ursache des Verhaltens. Im Zweifelsfalle ignorieren sie ihn einfach, auch wenn das bedeutet, dass Sie Ihrem Hund dieses Mal nachgeben müssen, und bemühen Sie sich *sofort* um kompetente Beratung.

Drohender Ausdruck

Warndrohender Ausdruck

- Nackenfell leicht gesträubt
- Ohren seitlich gedreht
- Blick an Partner vorbei
- Kopf gesenkt
- Rute leicht erhoben

Weitere Merkmale
- aufreiten, anrempeln
- knurren, bellen

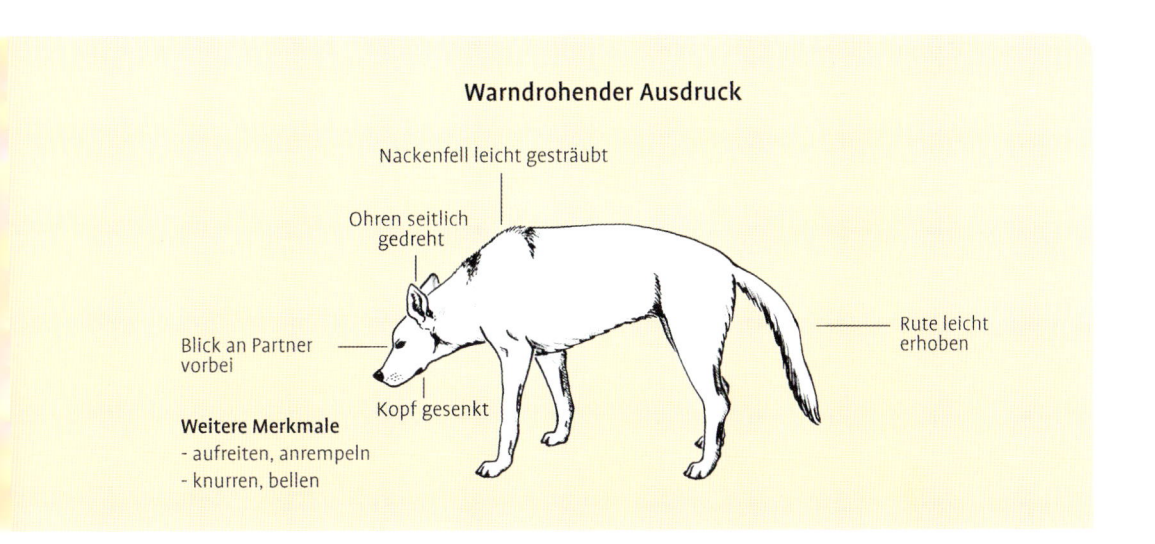

eine soziale Bindung hat. Man kann also einen Hund keinesfalls einsetzen wie eine Alarmanlage, die nur dann in Erscheinung tritt, wenn tatsächlich ein Alarmfall vorliegt. Auch und besonders ein Hund, der eine bestimmte Funktion erfüllen soll, muss sozial in seine Familie eingebunden sein.

Einen besonderen Fall stellen Hunde dar, die auf Befehl angreifen sollen. Bei solchen Tieren werden die Mechanismen, die den Hund nur dann angreifen lassen, wenn eine Notwendigkeit dazu besteht, außer Kraft gesetzt. Deshalb muss ein so ausgebildeter Hund in jeder Situation zu absolutem Gehorsam bereit sein. Das führt vor allem dann zu Gefahrensituationen, wenn ein solcher Schutzhund die Bezugsperson wechseln muss oder wenn die soziale Bindung an seinen Menschen nicht ausreichend gefestigt ist. In diesen Fällen ist der absolute Gehorsam des Hundes nicht mehr gewährleistet und er kann eine potentielle Gefahr darstellen.

Drohender Ausdruck

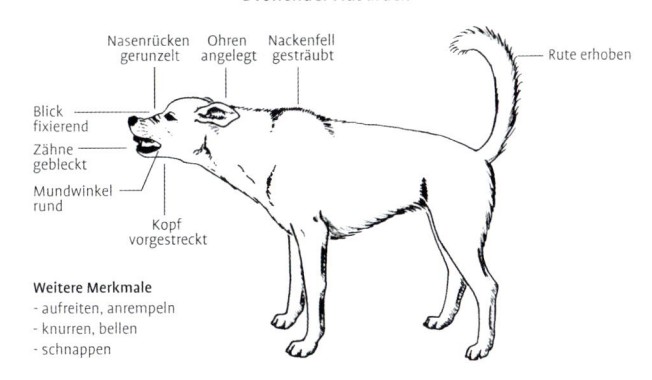

- Nasenrücken gerunzelt
- Ohren angelegt
- Nackenfell gesträubt
- Rute erhoben
- Blick fixierend
- Zähne gebleckt
- Mundwinkel rund
- Kopf vorgestreckt

Weitere Merkmale
- aufreiten, anrempeln
- knurren, bellen
- schnappen

Nachdrücklich drohender Ausdruck

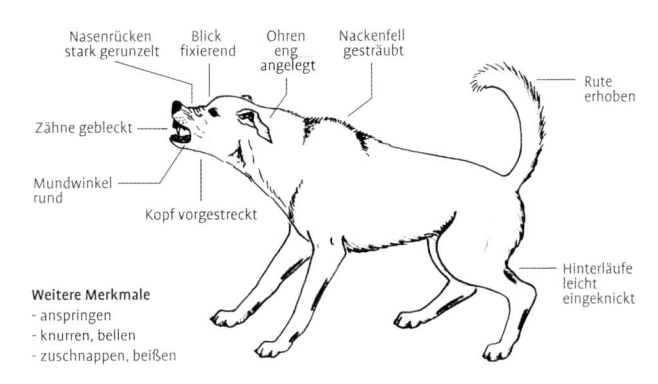

- Nasenrücken stark gerunzelt
- Blick fixierend
- Ohren eng angelegt
- Nackenfell gesträubt
- Rute erhoben
- Zähne gebleckt
- Mundwinkel rund
- Kopf vorgestreckt
- Hinterläufe leicht eingeknickt

Weitere Merkmale
- anspringen
- knurren, bellen
- zuschnappen, beißen

Elemente der Körpersprache

Alles nur Spaß:
spielerischer Ausdruck

Was ernst gemeint ist und was nicht, muss im Spiel immer wieder deutlich betont werden. Das ist deshalb so wichtig, weil häufig auch Signale eingesetzt werden, die eigentlich aggressiv wirken und – falsch verstanden – zu Auseinandersetzungen führen können. Hunde sind gesellige Tiere und spielen dementsprechend gern und viel. Im Welpenalter dient dieses Verhalten dazu, die körperlichen Fähigkeiten, aber auch den Umgang mit Artgenossen zu üben. So wird beispielsweise auch die sogenannte Beißhemmung spielerisch erlernt: der Welpe erfährt, welchen Beißdruck er anwenden kann, ohne negative Reaktionen hervorzurufen.

Im Spiel können Signale aus sämtlichen vorher beschriebenen Ausdruckskategorien auftreten. Diese werden hierbei aber stets in übertriebener Ausdrucksstärke gezeigt, also mit zum Beispiel weit ausholenden Bewegungen. Häufig werden Signalabläufe auch durch spezielle Spielsignale (zum Beispiel Trampeln, Vorderkörper-Tiefstellung, Hopsen, Kopfschleudern) unterbrochen oder sie nehmen plötzlich einen völlig unerwarteten Verlauf. So kann ein Hund aus einem spielerischen Angriff heraus unvermittelt in eine andere Richtung wegspringen, was dann als Aufforderung zu einem Rennspiel zu verstehen ist.

Die Bedeutung spielerischen Verhaltens bei erwachsenen Tieren ist nicht vollständig geklärt. Es ist durchaus möglich, dass **aus Freude am Spiel** gespielt wird. Diesen Eindruck erwecken zum Beispiel die Bellspiele mancher Haushunde, bei denen sich die beteiligten Individuen mitunter minutenlang am Boden räkeln und dabei gegenseitig anbellen. Sozialspiele können aber auch einen durchaus ernsthaften Sinn haben, indem sie beispielsweise Aggressionen umlenken.

> **Tipp**
> Spielen Sie möglichst viel und ausgelassen mit Ihrem Hund! Das hält ihn fit und festigt die Bindung.

Spielerischer Ausdruck

Spielerischer Ausdruck

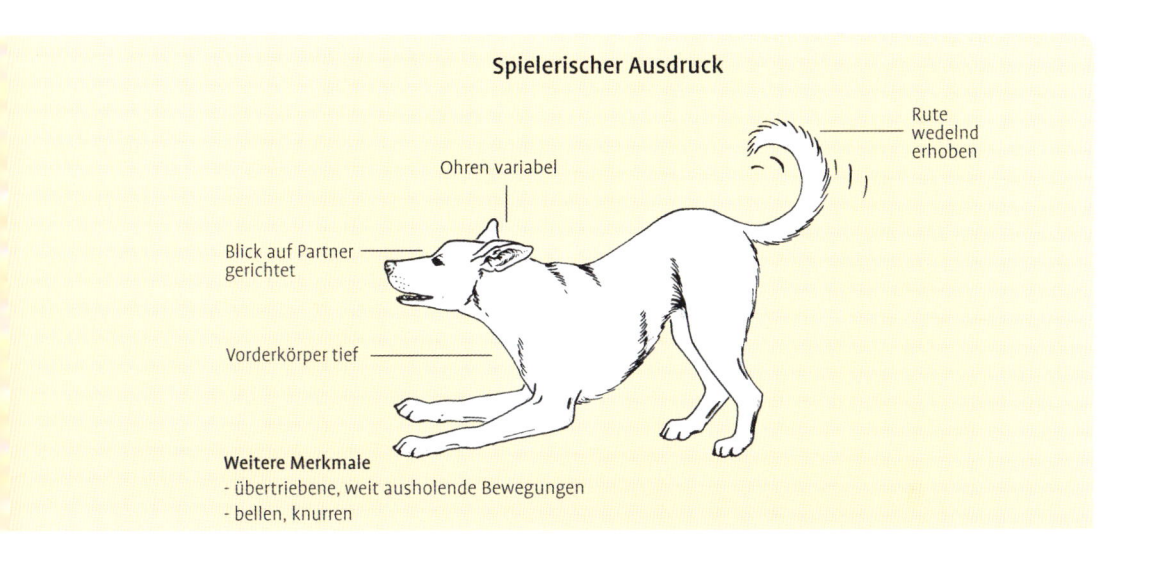

- Rute wedelnd erhoben
- Ohren variabel
- Blick auf Partner gerichtet
- Vorderkörper tief

Weitere Merkmale
- übertriebene, weit ausholende Bewegungen
- bellen, knurren

Für den Menschen stellt das Spielen mit seinem Hund eine wunderbare Möglichkeit dar, verschiedene wichtige Dinge miteinander zu verbinden: Zum einen trägt Spielen auch bei erwachsenen Hunden zur Festigung der sozialen Bindung bei, da es eine sehr intensive und ausschließlich positive Auseinandersetzung zwischen den Beteiligten ist. Zum anderen fördert das Spielen die **körperliche Fitness,** da viele verschiedene Körperbewegungen miteinander verbunden werden. Man kann und sollte das Spiel aber auch nutzen, um den Hund zu erziehen bzw. die Erziehung zu optimieren, indem man kleine Übungen einbaut. So kann man beispielsweise einen Hund, der gerne apportiert, Platz machen lassen, bis man den jeweiligen Gegenstand geworfen hat. Erst dann darf der Hund loslaufen, um den Gegenstand zu suchen. Solche Übungen erfordern einen sehr guten Gehorsam des Hundes und haben den großen Vorteil, dass sie umgehend durch die Fortsetzung des Spiels belohnt werden.

▶ Im Spiel kann es mitunter recht ruppig zugehen. Um jegliches Missverständnis zu vermeiden, werden in das Spiel immer wieder ausschließlich spieltypische Sequenzen eingebaut, wie etwa die Vorderkörper-Tiefstellung (siehe Zeichnung).

Elemente der Körpersprache

Die lieben Triebe: das Fortpflanzungsverhalten

Die „lieben Triebe" sind natürlich ein wichtiger Bestandteil im Leben eines jeden Lebewesens – so auch unserer Hunde. Der Fortpflanzungstrieb ist dabei sicher nicht der unwichtigste und kann daher nach Eintritt der Geschlechtsreife das Verhalten eines Hundes stark beeinflussen. Das trifft vor allem auf Rüden zu, denn diese sind das ganze Jahr über paarungs- und fortpflanzungsbereit. Diese **dauerhafte Paarungsbereitschaft** führt auch dazu, dass die meisten Haushundrüden, natürlich mit individuellen Unterschieden, ständig alle Urinmarkierungen intensiv prüfen. Das dient nicht nur dazu, sozusagen eine Anwesenheitsliste zu überprüfen, sondern auch, jeder läufigen Hündin möglichst schnell „auf die Spur" zu kommen. Denn die Signale, die die Fortpflanzungsbereitschaft einer Hündin ausdrücken, sind hauptsächlich geruchlicher Natur.

Zwar sind auch die Geschlechtsorgane einer **Hündin** während der sogenannten Hitze angeschwollen, was ja ein sichtbares Signal ist, aber dies ist auch einige Tage vor und nach der eigentlichen Paarungsbereitschaft der Fall. Da die Hündin eine Paarung nur während der ganz kurzen Zeit zulässt, in der sie auch tatsächlich fortpflanzungsfähig ist, muss der Rüde ständig anwesend sein, um den richtigen Zeitpunkt nicht zu verpassen. Das hat dann oft zur Folge, dass eine läufige, also geruchlich als möglicherweise fortpflanzungsbereit erkennbare Hündin die gesamte Rüden-Nachbarschaft für Tage in Aufruhr versetzt. Manche Rüden nutzen jede Gelegenheit, um auszubüchsen und in die Nähe der Hündin zu gelangen. Andere **Rüden** sitzen zu Hause und heulen sich pausenlos die Seele aus dem Leib.

Dieses Verhalten mancher Rüden veranlasst viele Menschen, eine Hündin als Haushund zu bevorzugen. Diese wird nur ungefähr zweimal im Jahr „heiß", und das auch nur für wenige Tage. Natürlich kann man der Natur auch mit Hilfe von Medikamenten oder operativen Eingriffen Einhalt gebieten. Bevor

▶ Im Sozialspiel werden Elemente aus allen Bereichen des Sozialverhaltens eingebracht – auch das Aufreiten aus dem Fortpflanzungsverhalten.

der Mensch jedoch das Fortpflanzungsverhalten seines Hundes durch eine **Kastration** vollkommen ausschaltet, sollte er sich bewusst machen, dass er damit auch in das Gesamtverhalten des Tieres eingreift. So kann der Eingriff nicht nur die unerwünschten Verhaltensmuster ausschalten, sondern auch erwünschte Verhaltensweisen beeinflussen. Wenn also ein Rüde nach einer Kastration nicht mehr ausbüchst, um zu einer läufigen Hündin zu gelangen, kann er andererseits vielleicht auch eine allgemeine Trägheit entwickeln und ist plötzlich für die zuvor geliebten langen Fahrradtouren überhaupt nicht mehr zu begeistern. Als Hundehalter muss man daher bereit sein, auch unvorhergesehene Veränderungen seines Hundes zu akzeptieren, wenn man eine Kastration durchführen lässt. Entscheidet man sich gegen eine Kastration, dann trägt man als Hundehalter natürlich die Verantwortung dafür, dass der eigene Hund sich nicht ungewollt fortpflanzt.

Zu den Verhaltensweisen, die **Fortpflanzungsbereitschaft** signalisieren, gehören Beschnuppern, Folgelaufen, Herandrängen, Kopulieren, Präsentieren, Aufreiten, Heranziehen, Beknabbern u. Ä. Der Sinn solcher Signale liegt darin, den Partner zum einen zur Paarung aufzufordern und zum anderen die eigene Paarungsbereitschaft zu betonen.

Entsprechende Verhaltensmuster zeigen Hunde oft auch dann, wenn eine Fortpflanzung ganz offensichtlich nicht das Ziel dieser Bemühungen sein kann, also beispielsweise gegenüber Geschlechtsgenossen oder Angehörigen einer anderen Art. Nun ist es durchaus nicht so, dass Hunde nicht erkennen, wer ein möglicher Fortpflanzungspartner ist und es deshalb einfach mal probieren. Das würde auch noch nicht erklären, warum zum Beispiel Hündinnen bei anderen Geschlechtsgenossinnen oder Rüden aufreiten, was ja eindeutig zum Fortpflanzungsverhalten von Rüden, nicht aber von Hündinnen gehört. Es ist ganz einfach so, dass vor allem im Sozialspiel Elemente aus allen Bereichen des Sozialverhaltens eingebracht werden können – und dazu gehört eben auch das Fortpflanzungsverhalten. In diesem Zusammenhang können auch Verhaltensweisen auftreten, die keinerlei erkennbare soziale Funktion haben, also völlig sinnlos anmuten.

Im Rahmen solcher Sozialspiele kann auch der Mensch das Objekt vermeintlich unzüchtiger Annäherungsversuche seines Hundes werden. Natürlich kann man einem Hund beibringen, dass diese Form des Spiels unerwünscht ist. Man sollte sich aber auch in diesem Fall wieder bewusst machen, dass menschliche Moralvorstellungen nicht auf einen Hund übertragbar sind und es daher völlig unangebracht ist, sexuell ausgerichtetes Verhalten des Hundes als peinlich zu empfinden. Häufig wird dieses Verhalten als „Hypersexualität" bezeichnet. Sie wird dann als Krankheit verstanden und daher medikamentös oder wiederum mittels Kastration behandelt. Es ist jedoch durchaus nicht sicher, dass solche Verhaltensmuster eines Hundes tatsächlich auf einen **übermäßig starken Sexualtrieb** zurückzuführen sind. Daher muss

Tipp
Zeigt Ihr Hund Ihnen gegenüber sexuell orientiertes Verhalten, schieben Sie ihn weg und sagen mit fester, tiefer Stimme „Pfui" oder „Aus". Er wird schnell lernen, dass Sie dieses Verhalten nicht mögen.

Elemente der Körpersprache

▶ Die Grenze zwischen Spiel und Ernst ...

▶ ... kann fließend sein.

eine hormonelle oder auch operative Behandlung dieses Triebes nicht unbedingt dazu führen, dass der Hund sich anders verhält.

Leider kommen auch im Bereich des Fortpflanzungsverhaltens bei Hunden viel zu häufig tatsächliche Störungen vor. Vor allem bei Hunden, die ohne ausreichenden Kontakt zu Artgenossen aufwachsen mussten, ist eine Fehlorientierung auf den Menschen durchaus möglich. In einem solchen Fall würde der Hund nun tatsächlich den Menschen als Sexualpartner einstufen; möglicherweise würde er die Paarung mit einem Artgenossen sogar grundsätzlich verweigern. Wie viele andere Verhaltensstörungen auch ist eine derartige **Fehlorientierung** für den Menschen nicht gefährlich und dient vielleicht in einigen Situationen sogar eher der Belustigung. Ganz ohne Zweifel ist es aber überhaupt nicht lustig, sondern im Gegenteil eher tragisch, wenn ein Hund aufgrund einer Verhaltensstörung nicht mehr in der Lage ist, sich fortzupflanzen.

Gemischte Signale – gemischte Gefühle

Es kommt gar nicht so selten vor, dass man Signalkombinationen bei einem Hund sieht, die scheinbar nicht zusammen passen. Beispielsweise kann es vorkommen, dass die vordere Körperhälfte eines Hundes ernsthaft aggressiv erscheint, während das Hinterteil freundlich wedelt. Solche widersprüchlichen Signale deuten keineswegs auf eine Störung im Hundeverhalten, sondern sind zumeist nur scheinbar widersprüchlich. Sie treten einerseits im Spiel auf (siehe Seite 50), aber auch dann, wenn der Hund nicht so recht weiß, wie er auf eine Situation reagieren soll. Gemischte Signale können also in der Tat gemischte Gefühle zum Ausdruck bringen.

Es kann zum Beispiel so sein, dass ein Hund gut sozialisiert und daher sehr freundlich auch zu unbekannten Menschen ist. Jedoch hat er vielleicht wenig Erfahrung im Umgang mit Kindern. Wenn er nun mit einer Gruppe Kindern konfrontiert wird, die sich häufig schneller bewegen und auch mehr Lärm machen als Erwachsene, dann kann der Hund zwischen zwei Gefühlslagen gefangen sein: einerseits erkennt er natürlich auch Kinder als Menschen und möchte sich freundlich annähern, andererseits verhalten sich diese Menschen jedoch völlig ungewohnt, was ihn zumindest verunsichert, vielleicht auch ängstigt. Genau diese gemischten Gefühle kann seine Körpersprache dann auch zum Ausdruck bringen – die vordere Körperhälfte sagt: „Ich habe Angst und fühle mich bedroht", die hintere Körperhälfte sagt: „Ich möchte Kontakt aufnehmen".

In einer solchen Situation ist es für den Hund wichtig, dass sein Mensch ihm aus diesem emotionalen Zwiespalt heraushilft. Am besten ist es, wenn man die situationsgerechte Gefühlslage unterstützen kann, in diesem Falle also die freundliche Annäherung. Falls das nicht möglich ist, so sollte man den Hund aus beiden Gefühlslagen erlösen, indem man ihn ruhig und bestimmt aus der Situation entfernt. Allerdings ist anzuraten, eine vergleichbare Situation baldmöglichst und unter kontrollierten Bedingungen erneut herbei zu führen, um den Zwiespalt aufzulösen.

Gemischte Gefühle können sich aus allen Motivationslagen zusammensetzen und aus vielen Signalen. Sie können auch aus einem schnellen Wechsel zwischen verschiedenen Signalkombinationen bestehen und wirken dann sehr hektisch. Bei Hunden gibt es sogar einen speziellen Belllaut, der für einen gefühlsmäßigen Zwiespalt typisch ist und der auch häufig bei spielenden Hunden zu hören ist, wenn der Hund sich nicht mehr ganz sicher ist, ob das Spiel wirklich noch Spiel ist oder nicht. Dieser Laut ist sehr kurz, wird zumeist mehrmals schnell hintereinander geäußert und klinkt ungewöhnlich hoch für ein Bellen.

Gemischte Signale sind also grundsätzlich nicht unnormal. Man sollte sich aber bewusst machen, dass sie Unsicherheit beim Hund widerspiegeln. Häufiges Auftreten von gemischten Signalen deuten also auf einen häufig unsicheren Hund und das ist zumindest nicht wünschenswert. Je besser die Bindung und Vertrauensbasis zwischen Hundehalter und Hund ist, desto mehr wird der Hund sich im Falle einer Unsicherheit an seinem Menschen orientieren und sich dadurch sicher fühlen.

> **Tipp**
> Ermöglichen Sie Ihrem Hund so viel Kontakt zu Artgenossen unterschiedlichen Alters wie möglich! Durch das regelmäßige Aufeinandertreffen mit anderen Hunden wird er selbstsicherer.

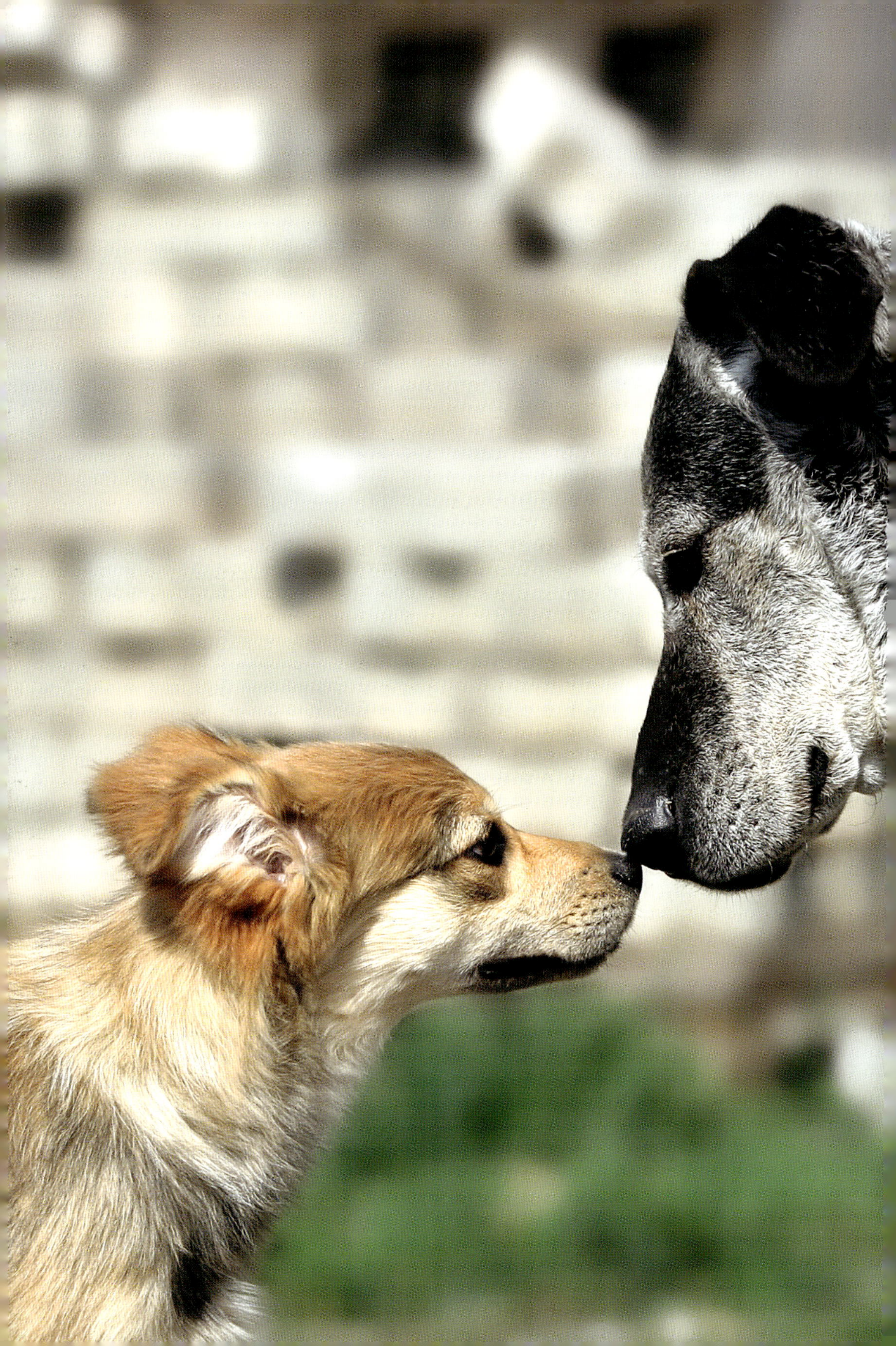

Weitere Elemente der Verständigung

Wie Hunde sich noch verständlich machen

Die Körpersprache des Hundes beschränkt sich nicht nur auf Änderungen der Körperhaltung (Gestik) oder in Ausdrucksveränderungen im Gesicht des Tieres (Mimik). Auch Signale aus dem Bereich der Sinneswahrnehmung werden zur Kommunikation eingesetzt. Hierzu zählen Lautäußerungen sowie die Übermittlung von Informationen durch Gerüche und Körperberührungen.

Verständigung durch Laute

Grundlegend für die Beschreibung der hörbaren Verständigung ist die Feststellung, welche Laute der Hund überhaupt benutzt. Das hört sich zunächst einmal einfach an – schließlich kann jeder ein Bellen von einem Knurren unterscheiden – wird aber schnell zu einem Problem, wenn es darum geht, zum Beispiel einzelne Belllaute zu unterscheiden. Um auch ganz feine Unterschiede erkennen zu können, benutzt man Computeranalysen, die es ermöglichen, die physikalische **Struktur eines Lautes** darzustellen und zu vermessen. Begriffe wie Lautstärke, Tonhöhe und Länge des Lautes werden also messbar gemacht und sind dadurch objektiv vergleichbar.

> **Tipp**
> Hunde hören nicht nur höhere Töne als wir Menschen – man denke an die Hundepfeife – sie hören auch leisere Töne. Es ist daher nicht nötig, einen Hund anzuschreien. Anordnungen und Zurechtweisungen sollten dafür in einer möglichst tiefen Stimmlage erfolgen.

Zusätzlich müssen auch verschiedene andere Dinge berücksichtigt werden: zum Beispiel, ob bestimmte Laute regelmäßig miteinander kombiniert werden oder ob ein und derselbe Laut immer mehrmals nacheinander geäußert wird. Es ist auch von Bedeutung, **wie häufig ein Laut eingesetzt** wird, wobei die Anzahl der Situationen von der Anzahl der jeweils gezählten Einzellaute zu unterscheiden ist. Hier ein Beispiel: Ein Hund bellt und knurrt während eines Kampfspiels; er bellt und knurrt auch, wenn ein Fremder im Garten herumschleicht. So gesehen bestünde bezüglich des Lauteinsatzes zwischen beiden Situationen kein Unterschied. Im Spiel bellt der Hund aber einmal und knurrt 30-mal, bei dem Fremden knurrt er zweimal und bellt 15-mal.

Ganz besonders wichtig ist es schließlich, die Funktion und Bedeutung der verschiedenen Laute zu verstehen. Dies ist zum einen möglich mit Hilfe anderer Signale, die gleichzeitig gezeigt werden – zum Beispiel Körpersprache – und deren Bedeutung man bereits kennt. Zum anderen gibt na-

▶ Heulen dient der Kontaktaufnahme über große Distanzen und, wenn gemeinsam geheult wird, dem Rudelzusammenhalt.

türlich die Reaktion des jeweiligen Gegenübers sehr wichtige Hinweise auf die Bedeutung der übermittelten Botschaft.

Besonders an der Frage nach dem Sinn oder Unsinn des Lautäußerungsverhaltens des Haushundes scheiden sich häufig die Geister. Das liegt sicher auch daran, dass das Urteil des jeweiligen Hörers allzu oft davon beeinflusst wird, ob er Hunden eher positiv oder negativ gegenübersteht. Menschen, die als Nicht-Hundebesitzer das Pech haben, neben einem besonders bellfreudigen Hund zu wohnen, sind verständlicherweise oft von der Sinnlosigkeit dieser Lautäußerung überzeugt. Andererseits schwört so mancher Hundebesitzer, dass die Qualität des Lautäußerungsverhaltens seines Hundes fast die der menschlichen Sprache erreicht.

Sicher ist jedoch, dass die Laute unserer Haushunde – im Zusammenspiel mit Mimik- und Körpersignalen – jeweils eine ganz bestimmte Bedeutung haben. Diese sollen im Folgenden kurz beschrieben werden.

Laute vor dem Öffnen der Augen

Bevor die jungen Welpen ihre Augen geöffnet haben, sind sie völlig hilflos und gerade mal in der Lage, mühsam kurze Strecken zu krabbeln. Die jungen Hunde verfügen noch kaum über Körpersprache, können aber bereits verschiedene Laute von sich geben. Wie im vorangegangenen Kapitel bereits beschrieben, dienen diese Lautäußerungen dazu, der Mutter seine Bedürfnisse zu übermitteln. Unterschiedliche Laute in verschiedenen Lautstärken drücken dabei die Dringlichkeit des Bedürfnisses aus. Allerdings wird dadurch nichts über die Art des Bedürfnisses ausgesagt. Es gibt also in der ersten Lebensphase der Welpen, die in etwa mit dem Öffnen der Augen endet, keine situationsspezifischen Laute. Es werden folgende Laute unterschieden:

Mucklaute (leises, gestoßenes „m")
Mucklaute hört man häufig infolge geringfügiger Störungen, zum Beispiel wenn ein Welpe im Schlaf durch die Bewegungen eines Wurfgeschwisterchens gestört wird. Es sind also zwar **Unbehagenslaute,** die aber nicht besonders dringlich sind. Dies kann man leicht daran erkennen, dass die Mutter kaum auf einen muckenden Welpen reagiert. Auch auf uns Menschen wirkt dieser feine Laut nicht besonders beunruhigend.

Weitere Elemente der Verständigung

Murrlaute (langgezogenes, vibrierendes „m")

Murrlaute sind schon etwas eindringlicher. Sie werden häufig nachfolgend auf Mucken geäußert, wenn ein für den Welpen unbehaglicher Zustand länger bestehen bleibt. Sie informieren also die Mutter schon über eine **stärkere Dringlichkeit** als Mucken. Entsprechend kümmert sich eine Hundemutter meist sofort um einen murrenden Welpen.

Fieplaute (unterschiedlich langes, lautes „i")

Fieplaute kann man immer dann hören, wenn ein Welpe durch etwas kurz und heftig erschreckt oder aber langandauernd, zum Beispiel bei Isolation, gestört wird. In **lebensbedrohlichen Situationen** – der Verlust des Körperkontaktes zu Geschwistern und Mutter führt bereits nach relativ kurzer Zeit zur Auskühlung des Welpen – kann das Fiepen so laut und schrill sein, dass es sich wie Schreien anhört. Dieses Schreien wird pausenlos so lange fortgesetzt, bis der Welpe entweder aus dieser Situation befreit wird oder völlig erschöpft ist. Ganz entsprechend der Funktion dieses Lautes läuft die Mutter immer und sofort zu einem fiependen Welpen und versucht, das Problem zu finden und zu beseitigen. Auf uns Menschen wirkt dieser Laut ebenfalls alarmierend.

Bellen

Auch sehr junge Welpen können bereits bellen, was sie vor allem im Schlaf tun. Bereits gut hörbar ist der charakteristische kurze, gestoßene Klang des Bellens.

Laute nach dem Öffnen der Augen

Nach drei bis vier Wochen beginnen die jungen Hunde, sozial aktiv zu werden. Sie erkunden ihre Umgebung, nehmen Kontakt zu allen Lebewesen in ihrem Umfeld auf und wollen zunächst vor allem eines: spielen! Während dieser **Sozialspiele** können die Welpen miteinander, aber auch mit der Mutter und mit Menschen alle Verhaltensweisen üben, die sie für die gegenseitige Verständigung brauchen. Entsprechend erhalten jetzt auch die Laute im Zusammenspiel mit Mimik- und Körpersignalen jeweils eine ganz bestimmte Bedeutung.

Fieplaute (leises bis lautes, volltönendes „ii")

Fieplaute werden jetzt in verschiedenen Situationen eingesetzt, die für den Hund mit **Unsicherheit oder sogar Angst** verbunden sind. Bei starkem Schmerz bzw. bei lebensbedrohlichen Situationen kann das Fiepen sehr laut und durchdringend sein. Im Falle einer ernsthaften Auseinandersetzung zwischen Hunden signalisiert solch ein Fiep-Schrei zusammen mit den entsprechenden Körpersignalen (auf den Rücken rollen) das höchstmögliche Maß an Unterwerfung.

Besonders umweltunsichere Hunde fiepen mitunter anhaltend und mit steigender Lautstärke, häufig kombiniert mit Bell- oder Heullauten, wenn man sie alleine lässt. Fiepen kann aber auch im Rahmen einer freundlich-unterwürfigen Begrüßung geäußert werden.

Winseln (sehr hohes, dünnes „ii")

Winseln ist beim Hund ein Ausdruck von **psychischem Stress.** Ein Hund winselt also typischerweise dann, wenn er verunsichert oder verängstigt ist. Wird ein Hund zum Beispiel von seinen Menschen meistens auf Distanz gehalten oder ignoriert, gelegentlich aber auch einmal freundlich behandelt, so weiß der Hund nach kurzer Zeit nicht mehr, was er zu erwarten hat. Das macht ihn unsicher. Bei Annäherung eines Menschen wird das Tier also durch entsprechende sichtbare Signale Unsicherheit signalisieren – und dabei eben auch winseln.

Geht man von einer grundsätzlich positiven Familienhundsituation aus, so können Abweichungen von langbewährten sozialen Ritualen zu entsprechender Verunsicherung führen. Kann man beispielsweise das morgendliche Begrüßungsritual nicht ausführen, weil man verschlafen hat, so versteht der Hund dies möglicherweise als plötzliche Veränderung in der Beziehung und teilt seine Verunsicherung durch Winseln dem Menschen mit.

Heullaute (langgezogenes, volltönendes „u")

Die Fähigkeit zu heulen ist bei den verschiedenen Rassen sehr unterschiedlich ausgeprägt. Während einige Hunde nie heulen, lassen sich andere von verschiedensten Umweltgeräuschen wie Sirenen, Kirchenglocken oder Musik zu langandauerndem Heulen inspirieren. Möglicherweise handelt es sich hierbei um ein instinktives Einstimmen in vermeintliches Chorheulen, das durch bestimmte Frequenzen in solchen Umweltgeräuschen ausgelöst wird.

Das Chorheulen als solches kann bei Haushunden als weithin hörbares Heulkonzert durchaus auftreten, wenn sie mit mehreren Artgenossen in einer Gruppe zusammenleben (zum Beispiel Schlittenhunde, Jagdhunde). Dieses gemeinsame Heulen hat die Funktion, den **Rudelzusammenhalt** zu stärken und informiert mögliche Konkurrenten gleichzeitig darüber, dass dieses Gebiet bereits beansprucht wird.

Völlig unmissverständlich ist das **Isolationsheulen** eines Hundes. Bei Wölfen sagt das Isolationsheulen eines verlorengegangenen Rudelmitgliedes den anderen, wo sich der Abhandengekommene befindet. Und genauso soll auch das Isolationsheulen eines Haushundes verstanden werden – wenn es denn gehört wird. Oft wird jedoch der eigentliche Empfänger dieses Signals, nämlich der Halter des Tieres, es nie zu hören bekommen. Denn die längere Abwesenheit eines Menschen von seinem Zuhause bedeutet in der Regel, dass er auch außer Hörweite ist – was der Hund natürlich nicht wissen kann. Insofern mag mancher Hundebesitzer meinen,

▶ Manche Hunde lassen sich durch Umweltgeräusche wie Sirenen, Kirchenglocken oder Musik zu langandauerndem Heulen inspirieren.

dass sein Hund nicht heulen kann, obwohl er es einfach nur nie gehört hat. Viele Hunde setzen aber auch statt des Heulens das Bellen ein.

Knurrlaute (kräftiges, rollendes „r")
Knurren kann sich sehr unterschiedlich anhören: von sehr kurz bis sehr lang, von sehr tief bis deutlich höher usw. Die Bedeutung des jeweiligen Knurrens hängt dabei von den begleitenden Körper- und Mimiksignalen ab. So wird ein tiefes, langgezogenes Knurren, verbunden mit der Vorderkörper-Tiefstellung, eigentlich sofort als **Spielaufforderung** verstanden. Außerhalb des Spielens dagegen ist derselbe Laut, verbunden mit den entsprechenden sichtbaren Signalen wie zum Beispiel angespannter Körperhaltung, immer eine wirkungsvolle **Drohung oder Warnung**.

Knurren ist eine Lautäußerung, die gleichzeitig einem möglichen Gegner und den eigenen Sozialpartnern gilt. Für den Eindringling ist das Knurren (tiefer, langgezogener Laut!) eine Drohung, die auf die Anwesenheit eines starken Revierinhabers hinweist. Der Angeknurrte, ob Mensch oder Tier, sollte sich also nicht weiter annähern, sondern lieber die Distanz langsam vergrößern. Die eigenen Gruppenmitglieder werden gleichzeitig über die Annäherung eines Eindringlings informiert. Das ist wichtig, damit die Welpen im Rudel Zeit finden, sich an einen sicheren Platz zurückzuziehen und sich die erwachsenen Rudelmitglieder gemeinsam dem Eindringling entgegenstellen können, falls das erforderlich ist.

Bellen
Bellen wird in den unterschiedlichsten Situationen eingesetzt. Man hört deshalb oft die Meinung, dass das Bellen an sich keine spezielle Bedeutung hat, also ein Laut ohne eigenen Informationsgehalt ist. Hunde bellen eben, wenn sie aufgeregt sind, und ein oft bellender Hund ist dementsprechend ein hysterischer Hund – so die weitverbreitete Vorstellung. Ganz so einfach ist es aber nicht.

Es besteht kein Zweifel, dass Hunde insgesamt sehr viel häufiger bellen als ihr Stammvater, der Wolf. Bellen ist aber keinesfalls zwingend der vorherrschende Laut aller Haushunde. Es gibt viele Hunde, die weitaus häufiger knurren oder fiepen.

Die Tatsache, dass Bellen weithin hörbar und zudem noch gut ortbar ist, könnte durchaus dazu beigetragen haben, dass in den Anfängen der Haushundzüchtung möglicherweise die bellfreudigeren Hunde vom Menschen bevorzugt wurden. Denn die vordringliche Aufgabe des Haushundes war zunächst wohl die des Wach-, Jagd- und Hütehundes. Für den Menschen war es in allen diesen Fällen von großem Vorteil, wenn der Hund einen Laut von sich gab, der über große Entfernungen gehört werden konnte und zudem noch den Standort des Hundes verriet. So könnte in dieser Zeit die Bellfreudigkeit eines Hundes als Zuchtkriterium gedient haben und damit die Ursache dafür sein, dass der heutige Haushund so viel häufiger bellt als der Wolf.

Wie aber verhält es sich mit der Bedeutung des Hundebellens? Übermitteln die häufigen Belllaute eines Vierbeiners Informationen oder sind sie vielleicht doch „Sinn"-los? Fast jeder Hundebesitzer wird behaupten, dass das Bellen seines Hundes sich in verschiedenen Situationen auch unterschiedlich anhört. Tatsächlich lässt sich mit Hilfe der Computeranalyse zeigen, dass verschiedene Laute, die sich un-

▸ Ein deutliches Drohbellen, unterstrichen durch das Zeigen der Zähne bei runden Mundwinkeln und der nach vorn gerichteten Körperhaltung, verfehlt seine Wirkung selten: Hier ist die korrekte Antwort eine sofortige Distanzvergrößerung bei leicht gesenktem Kopf.

zweifelhaft wie Bellen anhören, ganz unterschiedliche physikalische Strukturen haben können. Zudem treten bestimmte Strukturen auch noch in bestimmten Situationen auf. Mit anderen Worten: Die Belllaute unserer Haushunde sind hochspezialisiert und ganz und gar nicht bedeutungslos!

So gibt es zum Beispiel ein **Spielaufforderungs-Bellen,** das ausschließlich in diesem Zusammenhang geäußert wird. Es ist ein vergleichsweise helles Bellen, das sich auch für den Menschen „freundlich" anhört. Spielaufforderungs-Bellen wird mit der Vorderkörpertiefstellung oder anderen eindeutigen Spielaufforderungssignalen kombiniert und führt meistens zum Erfolg.

Das **Spiel-Bellen** betont den spielerischen Charakter der manchmal durchaus aggressiv wirkenden Aktionen des Hundes im Sozialspiel. Das ist, wie bereits erwähnt, ausgesprochen wichtig, damit es nicht aus Versehen zu ernsthaften Auseinandersetzungen kommt. Auch wenn aus Spiel Ernst zu werden droht – meistens dann, wenn bei Beißspielen die Schmerzgrenze überschritten wird – kann ein solcher Laut den spielerischen Charakter der Aktivitäten wiederherstellen.

Es gibt auch einen „**Misch-Belllaut**", der oft von Körpersignalen begleitet wird, die eigentlich nicht zusammenpassen. So können zum Beispiel gleichzeitig Signale der Spielaufforderung und des Drohens gezeigt werden. Möglicherweise signalisieren Misch-Belllaute also ein „gemischtes Gefühl" eines Hundes, der sich über Bedeutung und Fortgang einer Situation nicht klar ist.

Weiter sind hier die **Bellspiele** junger Hunde zu nennen. In diesem Zusammenhang kann mitunter minutenlang ein gemischtes Bellen ertönen, wobei entweder ein Geschwister oder auch ein Gegenstand als Partner dienen kann. Die beteiligten Hunde liegen dabei auf dem Boden, räkeln, strecken oder bepföteln sich und bedrohen das Gegenüber mit weit aufgerissenem Maul.

Drohbellen bzw. Warnbellen schließlich ist der tiefste aller Belllaute. Die Lautstärke allerdings kann beträchtlich variieren und reicht von einem leisen Wuffen bis zu sehr lautem, pausenlosem Bellen.

Zähneklappern & Co.: sonstige Geräusche

Hunde geben noch einige andere Geräusche von sich, die man allerdings nicht als Laute bezeichnen kann, da sie nicht vom Stimmapparat gebildet werden. Sie können aber durchaus als Signal eingesetzt werden, also eine Botschaft vermitteln.

Hierzu gehört zum Beispiel das **Zähneklappern**, das im Rahmen des Drohens diesen Ausdruck unterstreicht. Zähneklappern wird von Haushunden aber auch häufig während des Sozialspiels – ob mit dem Menschen oder Artgenossen – eingesetzt.

Weiter gibt es verschiedenste **Atemgeräusche**, wie schnauben, seufzen, niesen, grunzen, husten und mehr, die als Begleitgeräusche bestimmter Aktivitäten auftreten. So schnauben Hunde häufig dann, wenn sie aufgeregt versuchen, eine Witterung aufzunehmen. Ebenso seufzen Hunde, wenn sie sich entspannt auf ihrem Lieblingsplatz ausstrecken und natürlich husten sie, wenn sie sich verschlucken oder eben erkältet sind.

Solche eigentlich **nicht-kommunikativen Geräusche**, welcher Art auch immer, können aber auch sehr schnell eine Signalbedeutung bekommen, nämlich dann, wenn der Hund lernt, dass der Mensch in einer bestimmten Art und Weise auf sie reagiert. Lernt also der Hund, dass sein Mensch ihm immer dann besonders viel Aufmerksamkeit widmet, wenn er hustet, wird das Husten schnell zu einem Kontaktlaut. Führt abgrundtiefes Seufzen dazu, dass der Mensch unweigerlich lachen muss, oder den Hund freundlich anspricht („Du armer Hund, hast du es aber schwer!"), so kann das Seufzen rasch in das Reper-

▶ Hunde seufzen oft, wenn sie sich entspannt auf ihrem Lieblingsplatz ausstrecken. Reagiert der Mensch darauf, erhält der Laut unter Umständen eine Bedeutung.

toire der Beschwichtigungslaute aufgenommen werden. Denn auch in dieser Beziehung sind Hunde ausgesprochen anpassungs- und lernfähig.

Gibt es Rassedialekte?

Immer wieder wird (leicht spöttisch) gefragt, ob ein englischer Foxterrier und ein französischer Briard sich denn überhaupt miteinander verständigen können. Es sei an dieser Stelle nochmals betont, dass Hunde keine Sprache im menschlichen Sinne und somit auch keine Dialekte oder Fremdsprachen haben. Die grundlegenden Elemente (Knurren, Fiepen usw.) der lautlichen Verständigung sind wohl bei fast allen Rassen gleich. Selbst australische Dingos (das sind ehemalige Haushunde, die aber bereits vor langer Zeit wieder verwildert sind), die eigentlich nicht bellen, erlernen diese Lautform recht schnell, wenn sie in der Nähe bellender Haushunde gehalten werden.

Es ist aber durchaus wahrscheinlich, dass sich im Verlauf langandauernder und zum Teil extrem zielgerichteter Züchtungen auch **rassespezifische Lautäußerungsmerkmale** herausgebildet haben. So werden bestimmte Jagdhunde unter anderem danach beurteilt, ob sie eine bestimmte Art des Bellens äußern oder nicht. Möglich sind auch rassespezifische Eigenarten in der physikalischen Feinstruktur bedeutungsgleicher Laute (was zum Beispiel für das Spielaufforderungs-Bellen des Groß- und Zwergpudels festgestellt wurde), oder Unterschiede darin, wie häufig ein Laut eingesetzt wird.

Verständigungsprobleme zwischen Hunden haben allerdings ganz andere Ursachen. Oftmals werden Welpen viel zu früh von Mutter und Geschwistern getrennt und haben auch später oft kaum Gelegenheit, sich in der situationsgerechten Verständigung ihrer Art zu üben. Solche Hunde können dann die Verhaltensweisen ihrer Artgenossen überhaupt nicht zuordnen, weil sie es nie gelernt haben. Es ist dann zum Bei-

▶ Welpen beobachten die Quellen aller Umweltgeräusche genau und lernen so viel über deren Bedeutung.

spiel so, dass sie ein Spiel-Bellen als Laut an sich sehr wohl beherrschen, ihn jedoch möglicherweise in einer falschen, also nicht spielerischen Situation einsetzen, oder das Spiel-Bellen eines anderen Hundes als drohend interpretieren. Logischerweise sind solche Hunde dann häufig extrem unsicher oder erscheinen im Gegenteil übertrieben selbstbewusst. In jedem Falle sind sie aber kaum in der Lage, angemessen auf die Signale eines Artgenossen zu reagieren.

Beeinflussbarkeit von Lautäußerungen

Natürlich ist die Bell- bzw. Lautäußerungsfreudigkeit – als Teil der gesamten Persönlichkeit eines Hundes – unterschiedlich stark ausgeprägt. Manche Hunde sind eher schweigsam, manche sehr lautäußerungsfreudig. Es ist aber ebenso möglich, auf das Lautäußerungsverhalten seines Hundes entsprechend dessen Veranlagung erzieherisch einzuwirken, wie auf andere Verhaltensweisen auch.

Man sollte sich immer die Bedeutung des jeweiligen Lautes bewusst machen, um situationsgerecht reagieren zu können. Bellt ein Hund beispielsweise, weil er ein vermeintlich drohendes Geräusch hört, so macht es überhaupt keinen Sinn, laut und immer wieder „Aus, Pfui" oder ähnliches zu rufen. Dieses Verhalten muss der Hund logischerweise als Bestätigung dafür verstehen, dass sein Mensch ebenfalls etwas gehört hat und jetzt eben „mitbellt". Die einzig angemessene Reaktion kann nur sein, dem Hund mittels Körperkontakt und ruhigen Worten zu demonstrieren, dass keine Gefahr besteht. Ermuntert man einen Hund allerdings zur Bewachung des Hauses, so muss man schon in Kauf nehmen, dass er möglicherweise jedes Geräusch, das an sein – sehr gutes – Gehör dringt, meldet.

Es gibt aber auch Lautäußerungen, die ganz zwingend mit bestimmten Situationen gekoppelt sind. Will man solche Laute verhindern, kann man das nur, indem man die entsprechenden Situationen vermeidet. So praktiziert ein allein gelassener Hund, der möglicherweise stundenlang bellt oder heult, ja keine sinnlose Ruhestörung. Er verhält sich völlig situationsgerecht, wenn er endlos nach seinen Menschen „ruft". Denn im Gegensatz zu den Nachbarn kann der Hund ja nicht wissen, dass seine Menschen nicht mehr in Hörweite sind.

▶ Hunde sind von Natur aus nicht gern alleine – können es aber lernen. Wichtig ist vor allem das Vertrauen, dass ihr Mensch bald wieder kommt.

Der Versuch, einen jungen Hund an zeitweiliges Alleinsein zu gewöhnen, indem man seine Bemühungen, Kontakt aufzunehmen, konsequent ignoriert, ist meist zum Scheitern verurteilt. Grundsätzlich entspricht es nicht der Natur eines Hundes, von seinen Sozialpartnern getrennt zu sein, daher sollte man ihn auch so wenig wie irgend möglich dazu zwingen. Die Gewöhnung an ein gewisses Maß des Alleinseins kann nur in ganz kleinen Schritten erfolgen und setzt einen umweltsicheren Hund voraus, der Vertrauen in die Bindung zu seinen Menschen hat.

Verständigung durch Riechen

Hunde können sehr viel besser riechen als wir Menschen. Der Grund dafür ist ihre dickere Riechschleimhaut, die eine 15-mal so große Fläche bedeckt und eine 23-mal so hohe Anzahl von Riechsinneszellen im Vergleich zu der des Menschen aufweist. Diese Ausstattung befähigt Hunde, auch feinste **Teilgerüche in Duftgemischen** exakt zu erkennen. Aus eben solchen Duftgemischen bestehen denn auch die Duftmarken, die von Hunden als Signale zur Kommunikation eingesetzt werden.
Gerüche dienen auf unterschiedliche Weise der Verständigung zwischen Hunden. So kann beispielsweise das Geschlecht eines Individuums anhand seines Geruches eindeutig erkannt werden, was die äußeren Merkmale ja nicht unbedingt ermöglichen. Außerdem können Rüden auch am Geruch einer Hündin deren **hormonellen Status** ablesen und so abschätzen, ob diese im jetzigen Moment fortpflanzungsbereit ist oder nicht.

Das Belecken und Beriechen des Gesichtes – auch hier befinden sich Duftdrüsen – dient bei Hunden neben dem sozialen Kontakt auch der individuellen Wiedererkennung. Darüber hinaus erriechen Hunde aber auch den **Allgemein- oder Gesundheitszustand** eines Individuums. Diese Fähigkeit eines Hundes, auf bereits vorhandenes oder gar nahendes Unwohlsein seines Menschen zu reagieren, wird häufig als „sechster Sinn" bezeichnet. Es ist jedoch einfach so, dass der Riechsinn des Hundes fein genug ist, um selbst die winzigen Veränderungen des individuellen Duftgemisches, die durch Stimmungs- oder Gesundheitsschwankungen verursacht werden, zu erkennen.

Düfte werden von Hunden auch eingesetzt, um bestimmte Gebiete zu **markieren.** Dabei haben Gerüche den Vorteil, dass sie sehr langfristig Informationen übermitteln, also auch dann noch, wenn der Absender nicht mehr anwesend ist. Hunde markieren ihre häufig benutzten Wege mit Kot und Harn. Auch Hündinnen markieren ihr Territorium, allerdings ist das Markierungsverhalten bei ihnen weniger stark ausgeprägt.

Riechorgane des Menschen und des Hundes im Vergleich		
	Mensch	Hund
Riechepithel	5 cm^2	85 cm^2
Riechzellen	10 Millionen	230 Millionen

Weitere Elemente der Verständigung

Hunde wählen ihre Kot- und Harnplätze sehr sorgsam aus. Wenn ein Hund schlichtweg da macht, wo es ihn gerade überkommt, liegt das zumeist daran, dass ihm die freie Wahl des Kot- bzw. Harnplatzes gar nicht erst ermöglicht wird. Normalerweise werden Duftmarken vorzugsweise an markanten Orten, wie zum Beispiel erhöhten Stellen oder Bäumen abgesetzt. Das gilt nicht nur für Urin, sondern auch für Kot. Erklären lässt sich das damit, dass exponierte Duftmarken besser wahrgenommen werden.

Die geruchliche Zusammensetzung der Exkremente variiert zwar je nach Nahrungszusammensetzung, zusätzlich wird dem Kot aber ein Sekret aus den Analdrüsen im Bereich des Afters zugefügt, das den individuellen Geruch mitbestimmt.

Hunde markieren mitunter auch Artgenossen. In Gruppen lebende Rüden wenden dieses soziale Markieren vor allem bei Hündinnen und Welpen an. Es kann allerdings auch vorkommen, dass ein artfremdes Individuum, zu dem eine soziale Bindung besteht, markiert wird, so zum Beispiel ein Mensch. Dieses Verhalten dient dazu, die Gruppenmitglieder geruchlich ähnlicher und damit leichter erkennbar zu machen.

Verständigung durch Körperkontakt

Wie im vorigen Kapitel deutlich wurde, hat Körpersprache auch viel mit Körperkontakt zu tun, sodass fühlbare und sichtbare Kommunikation häufig nicht zu trennen sind. Fühlbare Signale bilden jedoch auch als eigenständige Ausdrucksform eine äußerst wichtige Verständigungsebene.

Hunde, die in einer Gruppe zusammenleben oder gar miteinander verpaart sind, berühren sich einander sehr häufig. Sie schlafen eng aneinander geschmiegt oder betreiben langandauernde gegenseitige Fellpflege. Die Bedeutung dieses **Knabberns** im Fell des Partners und anderer säubernder Aktivitäten geht jedoch weit über eine gegenseitige Reinigung hinaus. Mit Hilfe solcher Körperkontakte werden Bindungen aufgebaut und immer wieder neu bestätigt. Bei jeder Begrüßung zwischen befreundeten Hunden oder während gemeinsamer Ruhephasen kann man ausgiebigen Schnauzenkontakt und andere Zärtlichkeiten beobachten.

Auch mit dem Menschen versuchen Hunde immer wieder, sich auf dieser Ebene zu verständigen. Obwohl von einer Nachahmung der hundlichen Signale schon aus hygienischen Gründen abgeraten werden muss, stehen auch

▶ „Lass mal riechen, wer du bist." Die soziale Kontaktaufnahme zwischen Hunden beginnt an der Schnauze und im Gesicht.

uns Menschen viele Wege offen, fühlbar mit einem Hund zu kommunizieren. Zu jeder Begrüßung gehört freundliches Streicheln, wobei auch der Hund die Möglichkeit haben sollte, aktiv zu werden – Hände, die mit einer Hundezunge in Kontakt gekommen sind, kann man schließlich waschen. **Kontaktliegen** kann ermöglicht werden, indem man den Hund für einige Zeit neben sich auf der Couch liegen lässt oder sich zu ihm auf den Boden setzt.

Berührungen sind ganz besonders wichtig im Umgang mit Welpen und können auch bei dessen Erziehung sehr wirkungsvoll eingesetzt werden. Streicheln und Kraulen ist eine wesentlich gesündere Belohnung als manches Leckerli und für den Hund mindestens ebenso schön!

Berührungen sind auch sehr gut geeignet, um dem Hund mitzuteilen, dass er etwas falsch gemacht hat. Natürlich ist damit nicht gemeint, dass man einen Hund schlagen oder ihm auf andere Weise körperlichen Schmerz zufügen, ihn also für ein bestimmtes Verhalten bestrafen sollte. Es muss im Gegenteil darum gehen dem Hund verständlich zu machen, dass ein bestimmtes Verhalten nicht zu seinem Nutzen ist.

Eine Geste, die zwischen Hunden als eindeutige Negativreaktion eingesetzt wird, ist beispielsweise das **Über-die-Schnauze-beißen**. Hierbei beißt ein Hund dem anderen von oben über die Schnauze und verharrt in dieser Position oder schüttelt den Kopf leicht. Es wird keinesfalls fest zugebissen, sondern nur festgehalten. Diese Geste lässt sich auch vom Menschen mit der Hand imitieren. Sie wird von einem Hund als eindeutig negativ empfunden. Der Klaps mit der Zeitung als Bestrafung hat dagegen keinerlei kommunikative Bedeutung für den Hund – dies verunsichert ihn nur.

Bei frühzeitiger Gewöhnung an die menschliche Hand und der Erfahrung, dass diese ihm niemals Schmerzen zufügt, kann auch die notwendige Fellpflege (Bürsten, Kämmen, Trimmen) für den Hund angenehm sein. Besonders bei Rassen mit sehr langem oder gelocktem Fell ist die Pflege ansonsten häufig eine Tortur für Hund und Mensch. Fängt man jedoch bereits im Welpenalter damit an, wenn das Fell noch weich und leicht zu pflegen ist, den Hund ausgiebig zu bürsten und dies mit intensivem Streicheln zu verbinden, kann man nicht nur die besagte Tortur verhindern, sondern die Fellpflege (wie auch andere Aspekte der Körperpflege) zu einer bindungsfestigenden Aktivität werden lassen.

▶ Gemeinsame Kuschelstunde. Kontaktliegen fördert und festigt die Bindung und bestätigt sie immer wieder neu.

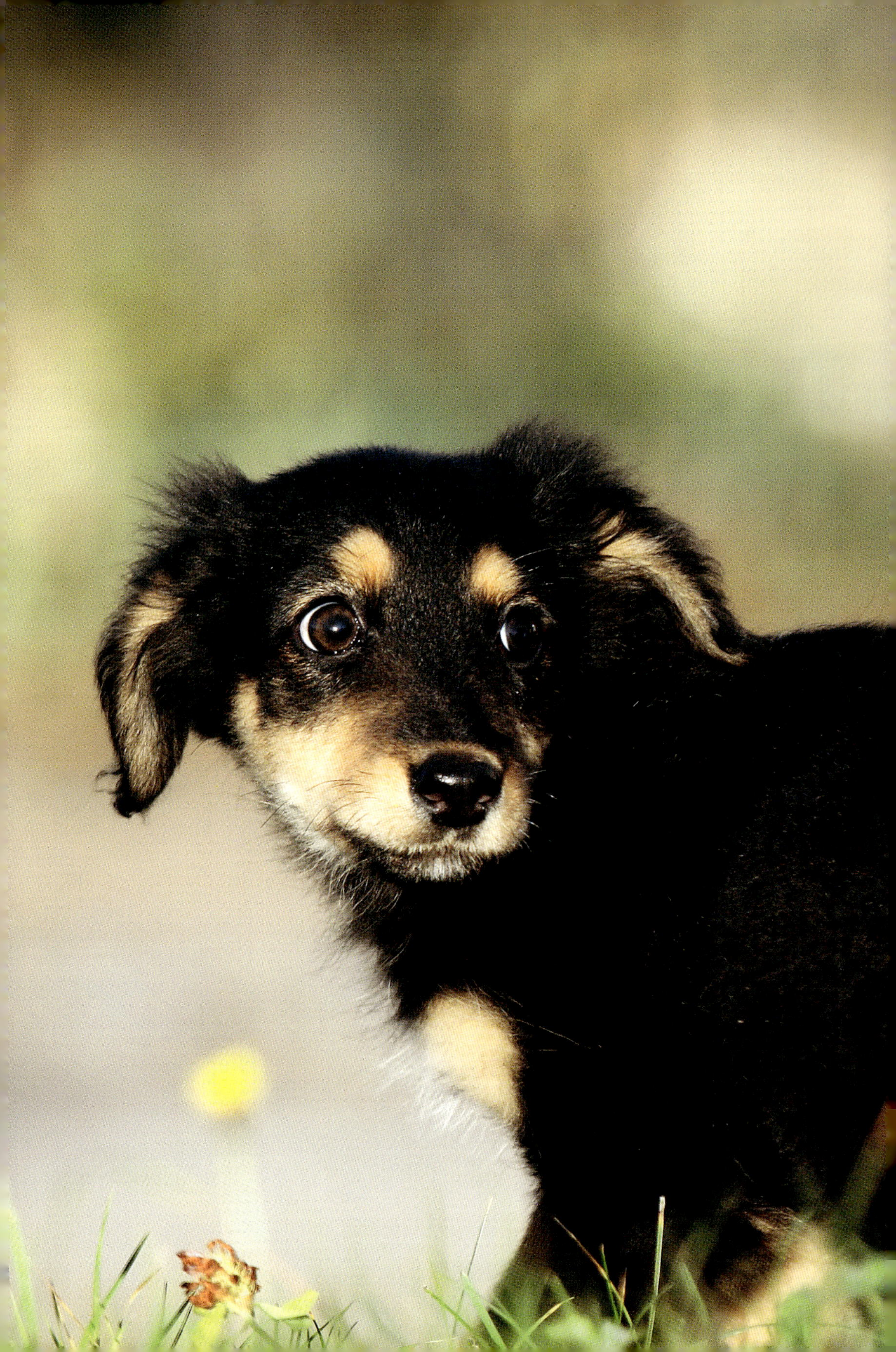

Problematisches Verhalten

Verhaltensveränderungen verstehen

Auch wenn heute wohl eine generelle Übereinstimmung darüber besteht, dass Tieren Gefühle durchaus zuzusprechen sind, so ist es doch einigermaßen schwierig, psychische Veränderungen oder gar Erkrankungen bei ihnen nachzuweisen.

Wann ist ein Hund verhaltensgestört?

Die Erkennung psychischer Veränderungen wird bei hoch entwickelten Säugetieren, wie beispielsweise den Hunden, dadurch erschwert, dass bei Menschen die Diagnose psychiatrischer Erkrankungen zu einem großen Teil auf mündlichen Befragungen beruht, die bei Tieren nun einmal nicht möglich sind. Es ist daher notwendig, genaue Verhaltensanalysen durchzuführen, um Veränderungen des Verhaltens und deren mögliche Ursachen zu verstehen. Hinzu kommt, dass Tiere individuell genauso unterschiedlich auf Belastungen reagieren wie Menschen: Während das eine Individuum möglicherweise verstärkt ängstlich oder unsicher wird, reagiert ein anderes mit zunehmender Aggression oder auch Teilnahmslosigkeit. Zur Beurteilung eines psychologischen Zustandes eines Tieres muss also nicht nur dessen Gesamtverhalten herangezogen werden, sondern es muss auch eine möglichst gute Kenntnis seines vorherigen Verhaltens vorliegen.

Wann ist ein Verhalten nun aber als krankhaft, als **Verhaltensstörung** einzustufen? Grundsätzlich hat Verhalten die Funktion, eine sinnvolle Interaktion mit der Umwelt zu ermöglichen. Wenn ein Verhalten nicht mehr situationsgerecht eingesetzt wird, dann ist es zumindest als problematisch und letztlich als Störung einzustufen. Verhaltensstörungen entstehen zumeist dann, wenn die Umweltanforderungen die Fähigkeiten eines Individuums zu einer sinnvollen Interaktion unmöglich machen, also sein **Anpassungsvermögen** überfordern. Unsere Menschenwelt fordert viel von Hunden. Und so anpassungsfähig sie auch sind, so haben Hunde doch einige grundlegende Bedürfnisse, deren Nicht-Erfüllung unweigerlich zu Problemen führen wird. Zumeist sind es vor allem die Hunde selber, die Probleme bekommen, wenn sie dauerhaft überfordert

> **Tipp**
> Stabile soziale Umweltbedingungen sind nicht nur während der frühen Entwicklungsphasen, sondern während des ganzen Lebens äußerst wichtig.

▶ Lebensfreude pur! Es ist keinesfalls vermenschlichend, einem Hund Gefühle zuzugestehen. Es ist daher immer ein Grund zur Sorge, wenn ein Hund seine Lebensfreude verliert.

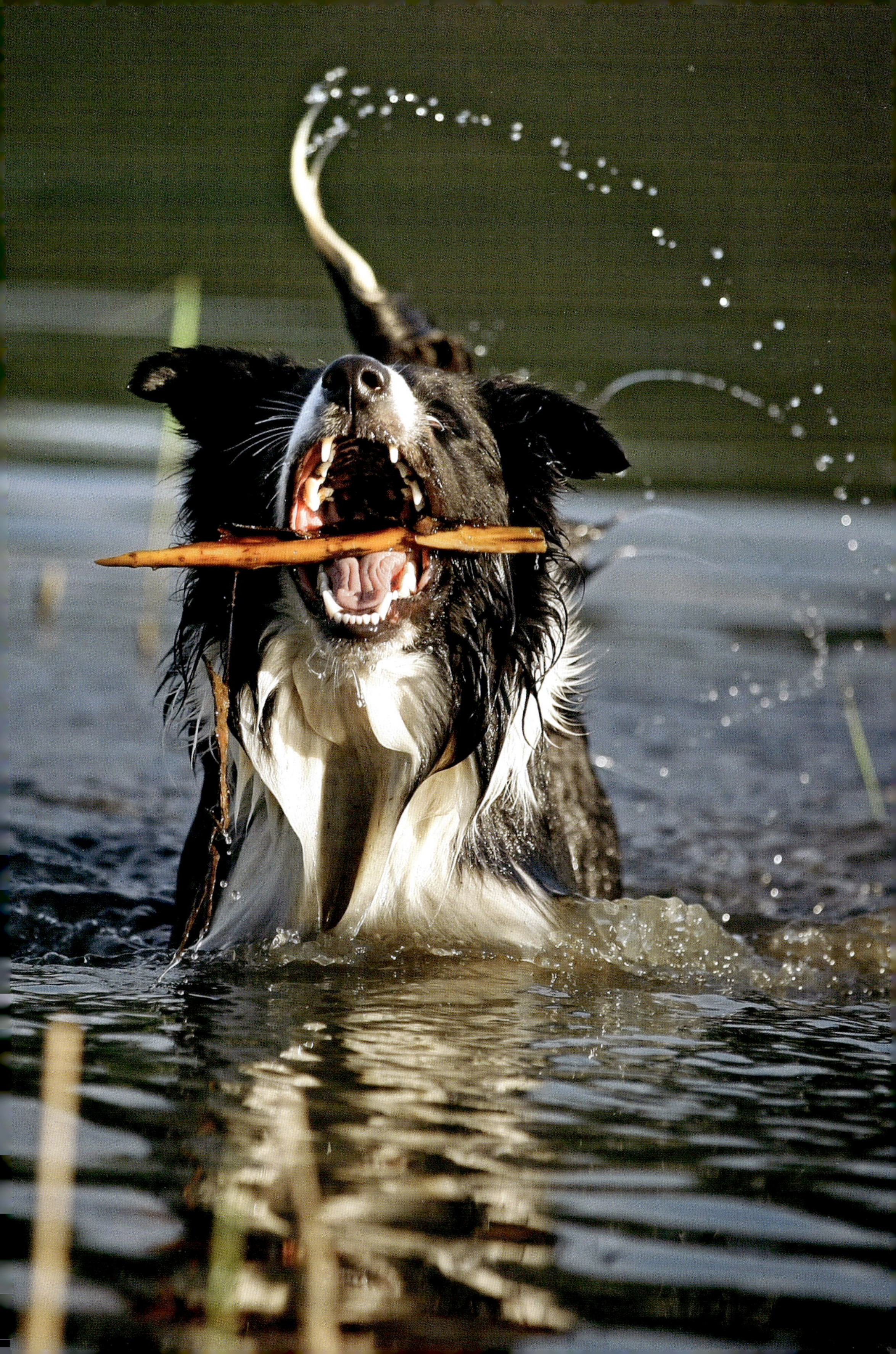

werden: Sie sind dauerhaft gestresst, was nicht nur zu Verhaltensproblemen, sondern auch zu körperlichen Erkrankungen führen kann. Ein Hund, der sich nicht mehr situationsgerecht verhält bzw. verhalten kann stellt aber auch für Menschen ein mögliches Problem dar.

Was sind die grundlegenden Bedürfnisse eines Hundes? Neben einer guten körperlichen Versorgung, wozu neben Nahrung und medizinischer Versorgung auch ausreichend Bewegung gehört, braucht ein Hund vor allem ein stabiles soziales Umfeld. Er muss wissen, an wem er sich orientieren kann, was von ihm erwartet wird, zu welchen Reaktionen sein Verhalten führt, und dass er auf sinnvollen Weise mit seiner sozialen Umwelt interagieren kann. Der wichtigste Pfeiler seines sozialen Umfeldes ist für den Hund die Bindung an seinen Halter. Je stabiler die Bindung eines Hundes an seinen oder seine Halter, desto besser wird er mit den Herausforderungen seiner Umwelt umgehen können, da er weiß, dass er sich im Zweifelsfalle an seinem Halter orientieren kann. Eine stabile Bindung erreicht man nicht dadurch, dass man dem Hund alles erlaubt, was er will. Natürlich müssen die Grundbedürfnisse des Hundes erfüllt werden; dazu gehören aber auch feste Regeln und vor allem die Erfahrung, dass das Befolgen dieser Regeln immer ein positives Resultat hat. Vor allem Instabilität und Unvorhersagbarkeit seiner Umwelt – und besonders seines Halters – sind für einen Hund extrem belastend und stressvoll.

Auch Hunde haben Stress

In der Biologie beschreibt Stress jeglichen Zustand, der von einem Ruhezustand abweicht. Eine Stressreaktion ist zunächst einmal einfach die Erstellung einer körperlichen und mentalen Bereitschaft, auf eine Herausforderung reagieren zu können. Das kann eine positive oder negative Herausforderung sein: Stress entsteht während der Beutejagd und Nahrungsaufnahme ebenso wie beim Spiel, bei der Fortpflanzung, oder während einer Auseinandersetzung. Stress ist also nicht grundsätzlich schlecht – im Gegenteil. Wie fast immer, ist das Maß entscheidend.

Wohl jeder Mensch hat in seinem Leben jedoch auch schon einmal Situationen erfahren, in denen er sich psychisch stark belastet und in Folge dessen niedergeschlagen und erschöpft gefühlt hat. Solche Belastungen können beruflicher oder auch privater Natur sein, sie können in kurzfristigen, sehr starken oder auch in langfristigen **Belastungen** bestehen, welche zunächst einmal gar nicht besonders stressvoll wirken müssen. Mitunter fühlt man sich schon während einer Stressbelastung psychisch oder auch physisch krank – **stressbegünstigte Folgeerkrankungen** können aber auch mit einiger Zeitverzögerung auftreten, so dass ein direkter Zusammenhang zu der vormaligen Stressbelastung zunächst gar nicht offensichtlich ist.

Auch Tiere empfinden Stress. Nicht nur die körperliche Reaktion von Tieren auf eine solche Belastung ist mit der des Menschen vergleichbar, auch auf der psychischen Ebene scheint sich Stress bei Menschen und – zumindest bei höher entwickelten – Säugetieren in ähnlicher Weise auszuwirken.

Die Empfindung von Stress findet vor allem auf einer **subjektiven, emotionalen Ebene** statt und es ist daher aus menschlicher Sicht zuweilen schwierig

Auch Hunde haben Stress

▶ Interessiert beobachtet der Dackel-Welpe, was sich da bewegt. Neugierig nähert er sich und lernt so Neues kennen.

einzuschätzen, welche Situation für ein Tier in belastender Weise stressvoll ist und welche nicht.

Emotionen sind als entwicklungsgeschichtlich sehr ursprünglich anzusehen. Auch negative Emotionen sind an sich nicht schlecht, sondern sie sind lebenswichtig: Angst löst Vermeidungsverhalten gegenüber einem bedrohlichen Reiz aus, Aggression ist zur Verteidigung lebenswichtiger Ressourcen notwendig. Dem gegenüber steht Neugier, die Annäherungsverhalten auch an unbekannte Dinge hervorruft, was notwendig ist, um die Umwelt kennen zu lernen. Auch Freude gehört dazu. Sie sorgt dafür, dass erfolgreiches Verhalten möglichst oft wiederholt wird. Wie ein Individuum auf eine Situation oder ein Ereignis reagiert, hängt von verschiedenen äußeren und inneren Faktoren ab. Neben der Wahrnehmung und Verarbeitung von Sinneseindrücken sind innere Faktoren (Gesundheit, Stimmung), aber auch individuelle Vorerfahrungen von entscheidender Bedeutung für die subjektive Beurteilung einer Situation.

Wodurch Stress entsteht

Ebenso wie bei uns Menschen kann man bei Hunden eine unterschiedliche Empfindlichkeit für Stress finden. Während einige Individuen sich durch kaum aus der Ruhe bringen lassen, reagieren

Tipp
Häufig erholen sich Tiere nach Beendigung einer Stressbelastung relativ schnell und vollständig, wenn ihr Wohlfühlbereich wieder hergestellt wird. Die langfristige Behandlung eines dauergestressten Hundes mit einem Antidepressivum, ohne die Ursache seiner Probleme abzustellen, ist nicht sinnvoll.

Problematisches Verhalten

andere schon bei sehr kleinen Störungen deutlich gestresst. Wodurch kommen solche **individuellen Unterschiede** zustande? Wie das häufig der Fall ist, gibt es auf diese Frage keine einfache und auch nicht immer eine eindeutige Antwort.

Die Persönlichkeit eines Individuums ist, wie gesagt, nicht allein bestimmend für dessen Eigenschaften, sondern sie gibt sozusagen den Spielraum vor, innerhalb dessen das jeweilige Individuum Eigenschaften ausprägen kann. Das gilt nicht nur für körperliche sondern auch für psychische Eigenschaften: Jeder, der schon einmal einen Wurf Hundewelpen erlebt hat, wird unschwer festgestellt haben, dass die einzelnen Welpen vom ersten Tag an unterschiedlich lebhaft oder auch schreckhaft waren.

Diese persönlichen und auch innerhalb eines Wurfes zum Teil sehr verschiedenen Charaktereigenschaften bilden sich bereits innerhalb der ersten Lebenswochen der Welpen so deutlich aus, dass ein aufmerksamer Beobachter schon zu diesem Zeitpunkt feststellen kann, welcher der Welpen „von Natur aus" mehr oder weniger empfänglich für Stressbelastungen ist. Es sei jedoch an dieser Stelle noch einmal betont, dass es keinesfalls möglich ist, aus solchen frühzeitigen Beobachtungen wirklich abschließende Beurteilungen über die späteren Fähigkeiten und Eignungen eines Hundes abzuleiten, da die Umweltbedingungen und Erfahrungen des Tieres einen maßgeblichen Einfluss auf dessen Entwicklung nehmen werden.

Es ist lange bekannt, dass eine reich strukturierte Umwelt die Lernfähigkeit und Flexibilität – die Anpassungsfähigkeit – eines Individuums fördert. Umgekehrt führt eine reizarme Umgebung dazu, dass die entsprechenden Fähigkeiten sich nur schlecht entwickeln.

Welchen Einfluss haben **Umweltbedingungen** nun auf die **Stressempfindlichkeit** eines Individuums? Indirekt natürlich bereits insofern, als die besagte Anpassungsfähigkeit in direktem Zusammenhang mit der Stressempfindlichkeit steht: Je besser ein Hund mit unterschiedlichen und sich ständig verändernden Reizen umgehen kann, desto weniger schnell wird er solche Reize in negativem Sinne als stressvoll empfinden. Gleiches gilt auch für die Lern- und Gedächtnisfähigkeiten des Hundes: Ein gutes Lern- und Erinnerungsvermögen hilft, komplexe neue Situationen besser verarbeiten und sich später an sie erinnern zu können und damit Stress zu vermeiden.

Auch andere Umweltbedingungen haben einen sehr direkten Einfluss auf

▶ Fehlende Beschäftigung oder mangelnde soziale Bindung kann zu chronischem Stress führen, der sich wiederum in depressionsähnlichen Zuständen auswirken kann.

die Stressempfindlichkeit. So ist beispielsweise bekannt, dass starke frühkindliche Stresserfahrungen (zum Beispiel eine längere Trennung von der Mutter) zu einer erhöhten Reaktivität des hormonellen Stresssystems im Erwachsenenalter führen. Mit anderen Worten: Erlebt ein Hund bereits sehr früh in seinem Leben Dinge, die für ihn stressvoll sind, kann das dauerhafte körperliche Auswirkungen (auf hormoneller Ebene) haben, die seine Fähigkeiten, mit Stress umzugehen, stark beeinträchtigen können.

Depressionen als Folge von Stress

Depressionsähnliche Zustände sind bereits bei verschiedenen Tierarten als Folge dauerhafter Stressbelastung festgestellt worden. So werden Tiere sogar in der Depressionsforschung als Modell für den Menschen eingesetzt. Mit anderen Worten, die Auswirkungen von Stress können bei Tieren und Menschen ohne weiteres vergleichbar sein und es ist daher nicht zwingenderweise vermenschlichend, wenn man den psychischen Zustand eines Tieres mit psychologischen Begriffen beschreibt.

Dauerhaft gestresste Tiere können körperliche Symptome zeigen, die denen depressiver Menschen durchaus entsprechen. Hierzu gehören sowohl sichtbare Symptome wie Gewichtsverlust oder Verdauungsstörungen, aber auch Veränderungen, die nicht so leicht erkennbar sind, wie beispielsweise Störungen des Hormonhaushaltes. Auf der psychischen Ebene können chronisch gestresste Tiere, je nach Wesen oder Veranlagung, antriebslos und passiv, aber auch unruhig oder aggressiv werden.

Natürlich besteht die Möglichkeit, depressive Tiere mit entsprechenden Medikamenten, also Antidepressiva, zu behandeln. Dies wird auch in zunehmendem Maße getan – bei Haustieren häufig auch bei unspezifischen psychischen Veränderungen. Wichtiger und richtiger ist es jedoch, die Ursache der Veränderung zunächst einmal möglichst zuverlässig abzuklären und, im Falle einer stressbedingten Erkrankung, diese Ursache abzustellen.

Wie beim Menschen können die Ursachen für dauerhaften Stress auch bei Hunden sehr unterschiedlich sein. Häufig sind sie jedoch in fehlender Beschäftigung, ständiger Umweltunsicherheit oder mangelnder sozialer Bindung und/oder Stabilität zu finden.

Verhaltensänderung durch Angst

Angst und Depressionen sind eng miteinander verbunden und treten auch häufig gleichzeitig auf. Bei Tieren sind krankhafte Ausprägungen von **Angstverhalten** durchaus bekannt. Es ist auch bekannt, dass das Erleben von Stress sich angststeigernd auswirkt. Diese Reaktion ist in der Natur von großem Anpassungswert. Denn in einer stressvollen, also bedrohlichen Situation steigert es die Überlebenschancen eines Individuums, auf das kleinste Anzeichen einer Gefahr schnell reagieren zu können.

> **Tipp**
> Vor allem bei ängstlichen Hunden ist es wichtig, sich allen angstauslösenden (nicht gefährlichen!) Situationen gemeinsam mit ihm langsam anzunähern und ihm so die Möglichkeit zu geben, die Situation als nicht gefährlich einschätzen zu lernen.

Problematisches Verhalten

▶ Ängstliche Hunde sollten darin gestärkt werden, sich angstauslösenden Situationen zu stellen und diese zu bewältigen.

> **Tipp**
> Vor allem Hunde, die sehr umweltunsicher sind, leiden fast ständig unter Angst. Sie empfinden alles Unbekannte als bedrohlich und reagieren entsprechend ängstlich und abwehrend oder mit Fluchtverhalten. Dies führt natürlich dazu, dass das Unbekannte nicht erkundet wird und also auch nicht kennen gelernt werden kann – ein Teufelskreis.

Aber auch hier kann sich die Anpassung in eine krankhafte Entsprechung umkehren: Unter **chronischen Bedingungen** ist extreme Angst auch körperlich eine starke Belastung. Darüber hinaus kann sich das extreme Angstverhalten so verfestigen, dass es auch dann noch anhält, wenn die ursprünglich auslösende Belastungssituation schon lange beendet ist.

Anders als Menschen sind Tiere nicht in der Lage, Angst durch logische Überlegungen zu kontrollieren. Tiere können allerdings sehr wohl lernen, dass sie in bestimmten Situationen nicht ängstlich zu sein brauchen, da – entgegen ihrer Erwartung – die entsprechende Situation keine Gefahr darstellt. Solange sie diese Erfahrung jedoch noch nicht gemacht haben, ist eine angstauslösende Situation für ein Tier wiederum eine weitere Stressbelastung.

Auch wenn bekannt ist, dass Ängstlichkeit zum Teil veranlagt ist, so kann es doch beeinflusst werden. **Angeborene, erhöhte Ängstlichkeit** ist bei Hunden bereits im Welpenalter festzustellen. Sie verstecken sich häufig und laufen vor allem Unbekanntem davon. Hundebesitzer reagieren häufig auf die panische Angst ihres kleinen Welpen mit einem ausgeprägten Beschützerinstinkt: Sie nehmen das Tier auf den Arm oder entfernen sich schnell von der vermeintlichen Bedrohung. Dieser Schutz bestätigt jedoch die Einschätzung des Welpen, dass eine Gefahr bestand und verstärkt damit sein Verhalten. Besser ist es, sich beruhigend aber bestimmt zu verhalten und einen ängstlichen Hund dadurch zu unterstützen, sich der Herausforderung zu stellen.

Aggressives Verhalten: der böse Hund?

Immer wieder passiert es, dass Menschen von einem Hund angegriffen und verletzt werden. Solche Hunde, die Menschen oder auch andere Artgenossen angreifen, werden häufig als überaggressiv bezeichnet. Diese übermäßige Aggressivität wiederum wird als **Verhaltensstörung** verstanden und kann dazu führen, dass ein so auffällig gewordener Hund eingeschläfert wird. Was aber bedeutet es eigentlich, wenn ein Hund aggressiv ist? Ist die Aggressivität eines Hundes gleichzusetzen mit seiner Gefährlichkeit? Was ist überhaupt Aggression?

Wesen und Ursprung der Aggression

Unter Aggression versteht man eine gewaltbereite Verhaltensweise, die in einen gezielten Affekt gegen ein bestimmtes Objekt mündet. Dies bedeutet auch die Bereitschaft zur Auseinandersetzung mit einem Gegner, sowohl aus einer Angreiferposition als auch aus einer Verteidigerposition heraus.

Nach menschlichem Moralverständnis beschreibt der Begriff Aggression einen Gefühlszustand, der aus dem Wunsch nach einer Machterweiterung entsteht und letztlich immer zerstörerisch wirkt. Menschen, die Aggressionen zeigen oder gar ausleben, werden von der Gesellschaft als unbeherrscht, rücksichtslos, gewalttätig – eben als schlechte Mitmenschen beurteilt. Aggressives Verhalten, vor allem, wenn es gegen Artgenossen gerichtet wird, ist also unmoralisches Verhalten. Und da moralisches Verhalten, zumindest theoretisch, der gesellschaftlichen Norm entspricht, ist Aggressivität für den Menschen eben auch ein unnormales Verhalten.

Dagegen sehen viele Menschen bei Tieren ein brutales, gewalttätiges, also aggressives Verhalten als normal, ja sogar als charakteristisch an. Entsprechend werden die gewalttätigsten Menschen als Bestien oder Tiere bezeichnet. Vor allem der Wolf, der ja der Stammvater unserer Haushunde ist, war und ist vielerorts immer noch der Inbegriff des Brutalen, Gewalttätigen und Bösen.

Besonders von Haushunden, die sehr viel enger mit dem Menschen zusammenleben als die meisten anderen Haustiere, wird verlangt, dass sie sich entsprechend menschlicher Moralvorstellungen verhalten. Ein aggressiver Hund wird demzufolge als böser Hund angesehen. Tiere – auch Haustiere – verhalten sich jedoch entsprechend ihrer artgerechten Verhaltensmuster so, wie es ihre ursprüngliche Lebensweise erforderte. Diese sollten von uns Menschen deshalb wertfrei betrachtet werden. Um also das Aggressionsverhalten des Hundes richtig zu beurteilen, ist es notwendig, dessen **biologische Bedeutung** zu verstehen, ohne eine vermenschlichende Wertung vorzunehmen.

Aus biologischer Sicht hängt die Bereitschaft zu aggressivem Verhalten von vielen, sich gegenseitig beeinflussenden Faktoren ab:
- Geschlecht
- Alter
- Gesundheitszustand
- Veranlagung
- Hormonstatus
- Trächtigkeit
- soziale Bindung
- Rangstellung
- Erziehung
- individuelle Entwicklung u. a.

Diese **inneren Bedingungen und äußeren Reize** – zum Beispiel das Wahrnehmen eines Konkurrenten – steuern dann das Zustandekommen und auch die Stärke des aggressiven Verhaltens.

Auch die **Funktionen aggressiven Verhaltens** sind ganz unterschiedlich. Sie stehen meist im Zusammenhang mit Nahrungsbeschaffung, Sexualverhalten oder Aufzucht der Jungen. In den seltensten Fällen sind Aggressionen

Problematisches Verhalten

▶ Dieses aggressive Zwischenspiel dient dazu, den Frieden zu bewahren: Die durch den Hund links im Bild mit deutlicher Drohung gesetzte Grenze wird akzeptiert – wenn auch mit Abwehrdrohen.

zwischen Tieren aber zerstörerisch. Besonders Kämpfe zwischen Artgenossen enden bei Tieren nur in Ausnahmefällen mit schweren Verletzungen oder gar dem Tod des Unterlegenen. Signalisiert einer der Kontrahenten seine Unterlegenheit, so lässt der Sieger ihn ziehen.

Aggressive Verhaltensweisen werden jedoch nicht nur im Rahmen des Angriffsverhaltens eingesetzt. Ebenso können sie Abwehr signalisieren und somit der Vermeidung oder Beendigung einer Auseinandersetzung dienen. Sowohl **Abwehr- als auch Angriffsverhalten** sind für das Zusammenleben in sozialen Verbänden zwingend notwendig. Beides wird eingesetzt, um eine stabile Rangordnung aufzubauen, die wiederum jedem einzelnen Individuum Sicherheit vermittelt und Verhaltensfreiräume ermöglicht.

Für uns Menschen und unseren Umgang mit Haushunden ist es aus verschiedenen Gründen wichtig, sich der biologischen Bedeutung aggressiven

> **Tipp**
> Soziale Unterlegenheit bedeutet für einen Hund keine Erniedrigung, sondern vor allem soziale Sicherheit und Stabilität.

Verhaltens bewusst zu sein. Hunde sehen im Menschen zwar keine Artgenossen, aber durchaus Sozialpartner. Entsprechend ihrer Art sind viele Hunde – aber durchaus nicht alle! – bemüht, sich innerhalb ihres Sozialverbandes eine möglichst ranghohe Position zu verschaffen. Das ist nicht berechnend und zielt auch nicht darauf ab, möglichst viel Macht zu haben. Der Hund folgt hier einfach seinem Instinkt, dem auch seine frühen Vorfahren gefolgt sind. Bei diesen Vorfahren den Wölfen, bot eine ranghohe Position einige Vorteile: Beispielsweise hat der Ranghöhere bessere Chancen, sich häufiger fortzupflanzen.

Das Ausmaß dieser Bemühungen um eine höhere Position in der Rangordnung hängt von den oben genannten Faktoren und auch von der individuellen Veranlagung des Hundes ab. Aber jeder Versuch, die Rangordnungsposition zu verbessern, ist mit aggressivem Verhalten verbunden. Wie bedrohlich oder problematisch das aggressive Verhalten eines Hundes vom Menschen empfunden wird, hängt nicht zuletzt auch von seiner Körpergröße ab: Bei kleinen Hunden wird selbst sehr aggressives Verhalten oft als niedlich empfunden, während bei großen Hunden bereits leicht aggressive Tendenzen überaus bedrohlich wirken können. Ernsthaftes aggressives Verhalten darf jedoch bei keinem Hund akzeptiert werden.

Es ist in jedem Falle notwendig, dem Hund einen festen sozialen Rang innerhalb der Familie zuzuweisen und diesen immer wieder zu bestätigen. Das ist nicht nur zum Schutz des Menschen wichtig, es vermittelt auch dem Hund eine wichtige soziale Stabilität und Sicherheit. Am besten versteht der Hund eine solche **Rangeinweisung,** wenn man ihm gegenüber deutliche aggressive Verhaltensweisen zeigt wie Fixieren und tiefes Sprechen. Das Aussperren, also Isolieren des Hundes, die Streichung des nachmittäglichen Spazierganges oder andere derartige Bestrafungen sind dagegen für einen Hund völlig unverständliche Vorgänge, die er nicht mit einem Rangordnungskonflikt in Zusammenhang bringt.

Machen Sie sich wirklich bewusst, dass die Zuweisung eines niedrigen Ranges für einen Hund weder Demütigung noch Bestrafung ist. Im Gegenteil: eine stabile Rangposition, auch wenn sie niedrig ist, vermittelt dem Hund soziale Sicherheit. Sie verhindert ständige Auseinandersetzungen und ermöglicht einen entspannten und freundlichen Umgang aller Familienmitglieder mit dem Hund.

Wann ist ein Hund gefährlich?

Unter welchen Bedingungen wird nun ein Hund gefährlich und wie äußert sich das? Machen Sie sich zunächst klar, dass jeder gesunde Hund schnell und kräftig ist. Deshalb kann auch ein kleiner Hund ein Kind oder allgemein einen schwachen Menschen durch Anspringen oder heftiges Ziehen an der Leine umwerfen und verletzen. Der vielerorts verordnete Leinenzwang für große Hunde mag zwar zunächst recht logisch klingen – aber kaum ein Mensch wird in der Lage sein, beispielsweise einen Bernhardiner mit Hilfe einer Leine festzuhalten, wenn dieser entschlossen ist, genau das Gegenteil zu tun. Ein an der Leine geführter Hund ist also nicht notwendigerweise besser kontrollierbar als ein frei laufender Hund. Gefahren, die durch undiszipliniertes, keines-

Problematisches Verhalten

▶ Große Hunde sind nicht „problematischer" als kleine. Aufgrund ihrer körperlichen Überlegenheit werden sie zwar häufig als gefährlicher angesehen. Es ist jedoch nicht seine Größe, sondern sein Verhalten, das einen Hund gefährlich machen kann.

> **Tipp**
> Ermöglichen Sie Ihrem Hund so viel Kontakt zu Artgenossen unterschiedlichen Alters wie möglich! Durch das regelmäßige Aufeinandertreffen mit anderen Hunden wird er sozial sicherer.

wegs aber aggressives Verhalten des Hundes zustande kommen, lassen sich jedoch bei einem sorgsamen Umgang mit dem Hund und einer konsequenten Erziehung auf ein Minimum reduzieren.

Wie aber verhält es sich mit Hunden, die einen Menschen angreifen und vielleicht sogar schwer verletzen? Ein solches Tier wird als „gefährlich" oder „bösartig" eingestuft und darf somit nur unter bestimmten Auflagen gehalten oder muss sogar getötet werden. Das kann aber insofern keine Lösung sein, als das Unglück schon geschehen und es somit bereits zu spät ist.

Immer häufiger werden deshalb Tierärzte aufgefordert, die Gefährlichkeit auffällig gewordener Hunde zu beurteilen – zum Teil von Seiten der Behörden, oft aber auch von besorgten Hundehaltern. Eine solche Beurteilung stellt viele Tierärzte allerdings vor Probleme, da ihre Ausbildung Kenntnisse über das Verhalten der Tiere kaum ausreichend berücksichtigt. Selbst wenn ein Tierarzt also eine Verhaltensauffälligkeit oder gar Verhaltensstörung diagnostizieren kann, stellt sich nach wie vor das Problem der Behandlung. Denn außer bei (seltenen) organischen Ursachen gibt es keine Tabletten oder Tropfen, die das unerwünschte Verhalten eines Hundes „heilen" können. Natürlich ist es manchmal möglich, die auftretenden Symptome mit Hilfe von Medikamenten zu unterdrücken, indem man den Hund beispielsweise mit Beruhigungsmitteln ruhigstellt. Es liegt aber auf der Hand, dass eine solche Dauermedikation keine Lösung sein kann, da sie die Ursache der Verhaltensstörung nicht beseitigt.

Ganz unterschiedliche Ursachen können dazu führen, dass ein Hund für Menschen tatsächlich gefährlich wird. Entsprechend gibt es auch verschiedene Möglichkeiten, diesem Problem zu begegnen. Im Folgenden sollen einige häufig auftretende Ursachen für Hundeattacken beschrieben werden. Außerdem wird jeweils erklärt, ob und wie dieses Verhalten beeinflussbar ist.

Aggressives Verhalten: der böse Hund?

▶ Gute Welpenstube. Hundewelpen lernen viel von ihrer Mutter und den Geschwistern. Sehr hilfreich für die spätere Erziehung durch den Menschen.

Vorab sei noch kurz auf die oft zu hörende Einschätzung eingegangen, dass Hunde, die Menschen angreifen, diese als Beute ansehen. Es gibt wissenschaftliche Untersuchungen, die eindeutig zeigen, dass nur Hunde, die keinerlei sozialen Kontakt zum Menschen kennen, diesen als Beute betrachten. Diese Untersuchungen haben recht eindeutige Hinweise darauf erbracht, dass Menschen auch während möglicher Ernstkämpfe von Hunden als Sozialpartner, in diesem Falle also als Konkurrenten, eingestuft werden.

Aggression aus Angst
Hunde, die aus Angst beißen, sind in ihrem Gefährdungspotential für den Menschen nicht zu unterschätzen. Die Unberechenbarkeit, die „Angstbeißern" oft nachgesagt wird, kennzeichnet aber gerade sie nicht. Es ist nur leider so, dass die Signale, die ein ängstlicher, unsicherer Hund aussendet, von vielen Menschen (und auch Hunden!) nicht verstanden werden. Ein ängstlicher Hund ist in erster Linie darum bemüht, möglichst jeden Kontakt zu vermeiden. Ein Konflikt ist daher problemlos zu verhindern, indem man die von dem Tier als sicher empfundene Distanz nicht unterschreitet.
Die Haltung eines solchen verstörten Hundes sollte in jedem Fall nur durch

Ursachen für Aggression:
– mangelnder Kontakt zu Hunden und Menschen vor allem im Welpen- und Jugendalter (beispielsweise Zwingerhaltung!)
– Misshandlung
– fehlende oder unzureichende Bindung an Sozialpartner
– daraus jeweils folgend: mangelnde Umweltangepasstheit, Unsicherheit, Angst

Kennzeichnendes Erscheinungsbild von angstbasierter Aggression:
– scheu, nervös oder teilnahmslos
– vermeidet Blickkontakt, reagiert auch auf freundliche Annäherung durch Artgenossen oder Menschen mit Unterwürfigkeit, Flucht- oder Abwehrverhalten
– (siehe auch Kapitel „Tu mir nichts: ängstlich-beschwichtigender Ausdruck")

Menschen erfolgen, die einige Erfahrung im Umgang mit solchen Phänomenen haben. Das ist vor allem insofern wichtig, da es ja nicht nur gilt, Unfälle zu verhüten, sondern das Ziel sein muss, das Tier wieder in sein soziales Umfeld einzugliedern. Eine solche Integration ist durchaus möglich, erfordert aber sachkundiges Fingerspitzengefühl und vor allem viel Geduld und Zeit.

Die Grundlagen für spätere Verhaltensentwicklungen werden zu einem Großteil bereits im frühen Welpenalter gelegt. Deshalb sollten Sie sich vor dem Hundekauf die Haltungsbedingungen beim Züchter sehr genau ansehen. Grundsätzlich ist dann Vorsicht geboten, wenn ein Züchter mehrere Rassen anbietet oder mehrere Hündinnen derselben Rasse gleichzeitig zur Zucht einsetzt. Solche Massenzuchten können zwar hygienisch einwandfrei sein, ausreichender menschlicher Kontakt für eine große Anzahl von Tieren ist jedoch kaum zu gewährleisten.

Optimale Haltungsbedingungen sind gegeben, wenn Welpen häufigen Kontakt zu möglichst mehreren Menschen haben und in einer anregenden Umwelt mit Spielobjekten, Freilauf und mit ihren Wurfgeschwistern aufwachsen. Unter solchen Voraussetzungen sollten die Welpen möglichst lange (ca. drei Monate) bei Mutter und Geschwistern belassen werden. Denn ab der sechsten bis achten Lebenswoche werden den Welpen durch Mutter und Geschwister auch erste Grenzen gesetzt: Die Mutter entwöhnt die Kleinen, sie weist sie bei zu festem Zubeißen zurecht etc. Diese Erfahrungen sind bei der späteren Erziehung des Hundes durch den Menschen eine hilfreiche Basis für alle Beteiligten.

Natürlich muss die Ängstlichkeit eines Hundes sich nicht zwangsläufig in Form von Angriffen gegen Menschen äußern. Aber auch weniger extreme Formen von **Umweltunsicherheit** können das harmonische Zusammenleben stören. Das kann so aussehen, dass man den Hund nicht alleine lassen kann, da er dann pausenlos winselt oder heult. Andererseits kann man einen unsicheren Hund auch schlecht in fremde Umgebungen mitnehmen, da ihn das oft in Panik versetzt. Dies mündet zwangsweise in einen Kreislauf, der für den betroffenen Hund zu einer dauerhaften Belastung führen muss.

Auch übermäßig aggressives Verhalten eines Hundes gegenüber Artgenossen kann auf mangelnder Sicherheit beruhen. Ängstliche Hunde fühlen sich häufig durch jegliche – auch freundliche – Annäherung eines Artgenossen so bedroht, dass sie sofort zu einem abwehrenden Angriff übergehen (siehe auch der Abschnitt „... Dann tu ich dir auch nichts: abwehrender Ausdruck"). Auch wenn sich ein solches Verhalten unter Umständen ausschließlich auf Artgenossen beschränken kann, Menschen also nicht gefährdet werden, ist es nicht gerade angenehm, seinen Hund vor jeglichem Kontakt mit anderen Hunden bewahren zu müssen.

Nicht zu unterschätzen ist auch die körperliche Belastung, die eine grundlegende Unsicherheit für einen Hund bedeutet. Ein solcher Zustand ist mit **chronischem Stress** gleichzusetzen, und dieser kann zu gesundheitlichen Problemen wie häufigem Durchfall, Appetitmangel oder übermäßigem Fressen führen.

Aggression aus Frust

Hunde haben einige Grundbedürfnisse, die ihnen angeboren und deshalb auch nicht durch Erziehung zu beeinflussen

Aggressives Verhalten: der böse Hund?

sind. Dazu gehören ein gewisser Bewegungsbedarf ebenso wie bestimmte klimatische Bedingungen oder ein bestimmtes soziales Umfeld. Werden die Aufzucht und/oder die Haltungsbedingungen den Bedürfnissen eines Hundes nicht gerecht, kann das nachhaltige Folgen haben.

Häufig treten zum Beispiel sogenannte **Stereotypien** auf, das heißt immer wiederkehrende, gleichförmige Bewegungen oder auch Laute, die völlig sinnlos erscheinen. So gibt es Hunde, die stundenlang einen ganz bestimmten Weg hin und her laufen, andere drehen sich endlos im Kreis und wieder andere beknabbern immer gleiche Fellstellen, bis offene Wunden entstehen.

Eine **nicht artgerechte Haltung** kann auch dazu führen, dass bereits stubenreine Hunde wieder in der Wohnung urinieren oder koten. Auch das Zerstören von Gegenständen kann eine Ersatzhandlung für einen unausgelasteten Hund darstellen.

Ein anderer möglicher Effekt ist die völlige Unkontrollierbarkeit des Tieres beim Verlassen der Wohnung. Die langgestauten Energien des Hundes sind weder von ihm selbst, noch von seinem Besitzer zu bändigen, was häufig zu einem Teufelskreis führt. Denn ein solcher Hund ist natürlich weder an der Leine ein angenehmer Begleiter, noch kann man ihn frei laufen lassen. Infolgedessen werden die Spaziergänge auf das Allernötigste eingeschränkt und die Bedürfnisse des Tieres immer weniger

> **Tipp**
> Begeistern Sie Ihren Hund frühzeitig für ein Spielzeug, das er apportieren kann (Tau, Ball). Sollten Sie einmal körperlich nicht so fit sein, kann das Bewegungsbedürfnis Ihres Hundes mit einer Apportierstunde befriedigt werden.

befriedigt. Dazu kommt ein zunehmend unfreundlicher Umgang des ebenfalls zunehmend frustrierten Besitzers mit dem Tier, was die soziale Bindung zwischen Mensch und Hund natürlich nachhaltig zerstört und eine weitere Belastung für das Tier darstellt. Irgendwann ist ein solchermaßen frustrierter Hund in seiner möglichen Aggressivität kaum noch einschätzbar. Sein Verhalten ist als gestört anzusehen und nicht mehr vorhersehbar. So kann ein Angriff zum Beispiel ohne vorherige Drohung auch gegen einen dem Hund bekannten Menschen in einer scheinbar völlig unverfänglichen Situation erfolgen. Inwieweit Störungen dieser Art umkehrbar sind, hängt vor allem von ihrem Ausmaß ab. Auf jeden Fall gehört die Betreuung eines solchen Hundes in fachkundige Hände.

▶ Hunde haben angeborene Grundbedürfnisse. Wird man diesen bei Aufzucht oder Haltung nicht gerecht, kann das problematisch werden.

Problematisches Verhalten

> **Ursachen für Aggression aus Frust:**
> - nicht-rassegerechte Haltung
> - unzureichende oder ganz fehlende Befriedigung besonderer Ansprüche an die Haltung (z. B. Bewegungsbedarf)
> - reizarme Haltung, Überforderung der Anpassungsfähigkeit
> - daraus folgend: permanente Frustration und schließlich Verhaltensstörungen
> - Kennzeichnendes Erscheinungsbild: nicht einheitlich, siehe unten
>
> **Kennzeichnendes Erscheinungsbild bei Aggressionen aus Frust:**
> sehr selbstsicher, häufig drohend (imponierend oder Angriffsbereitschaft zeigend)

> **Tipp**
> Wenn Ihr Hund Verhaltensauffälligkeiten zeigt, lassen Sie ihn auf jeden Fall auch von einem Tierarzt untersuchen! Änderungen im Verhalten können auch eine körperliche Erkrankung als Ursache haben.

Als zukünftiger Hundebesitzer sollten Sie sich also vor der Anschaffung des Tieres sehr genau nach dessen Bedürfnissen erkundigen. Das Aussehen eines Hundes darf keinesfalls die vorrangige Rolle bei der Auswahl spielen. Ein wunderschöner, aber verhaltensgestörter Hund wird Ihnen keinerlei Freude machen!

Aggression aus Überlegenheit

Fast jeder Hund versucht mehr oder weniger konsequent, sich in der **Hierarchie** seines Sozialverbandes hochzuarbeiten. Dieses Bestreben, das zwangsläufig immer mit aggressiven Verhaltensweisen verbunden ist, ist völlig natürlich und sollte entsprechend wertfrei betrachtet werden. Mit anderen Worten: Ein Hund, der nur wenige Anstrengungen unternimmt, sich gegenüber seinen Sozialpartnern (ob Hund oder Mensch) durchzusetzen, ist kein Feigling oder Duckmäuser. Umgekehrt ist ein ständig um sozialen Aufstieg bemühter Hund auch kein Kämpfer, „Killer" oder böser Hund.

Hunde haben unabhängig von Größe, Rasse oder Alter immer ein **Rangordnungsbewusstsein,** das heißt, sie verhalten sich entsprechend ihrer Rangordnungsposition. Dabei gilt: Je höher der Hund seine Position einschätzt, desto mehr Rechte billigt er sich selbst und desto weniger den übrigen Gruppenmitgliedern zu.

Es heißt oft, dass ein Hundebesitzer der „Rudelführer" seines Hundes zu sein hat bzw. von dem Hund als solcher akzeptiert werden muss. Außerdem kann man immer wieder hören, dass in einer Familie nur eine Person als Rudelführer von dem Hund anerkannt wird. Solche Aussagen sind mit viel Skepsis zu betrachten, denn Hunde können sehr gut zwischen Artgenossen und Menschen unterscheiden. Es ist also keineswegs so, dass ein Hund seine Menschenfamilie als Artgenossenrudel versteht. Dementsprechend muss der Mensch keinen Rudelführer im eigentlichen Sinn mimen. Trotzdem ist es wichtig, dass innerhalb eines Mensch-Hund-Sozialverbandes eine für den Hund erkennbare Rangordnung besteht. Und es ist ebenfalls wichtig, dass der Hund sich keinesfalls als Ranghöchsten verstehen sollte. Die gegenüber dem Hund höhere Rangordnungsposition sollte der Mensch aus zwingend notwendigen Gründen einnehmen: Zum einen muss der Hund in einer Welt von Menschen leben und

Aggressives Verhalten: der böse Hund?

▶ Kinder und Hunde können ein tolles Team sein, wenn beide Seiten lernen, miteinander umzugehen.

kann deren Regeln unmöglich alle verstehen. Er braucht also die Anleitung eines Menschen. Zum anderen sind Hunde uns Menschen grundsätzlich körperlich überlegen – auch kleine Hunde können beispielsweise Kinder ernsthaft verletzen! Deshalb müssen wir den Hund zumindest bis zu einem gewissen Grad unter Kontrolle halten, und dazu muss er unseren übergeordneten Rang anerkennen.

Die Zuweisung einer festen Rangposition soll bereits im Welpen- bzw. Junghundealter erfolgen. Geschieht dies nicht, ist es später oft unmöglich, den Hund wieder von seiner hohen Rangposition zu verdrängen. Das Bestreben des Tieres, seine einmal erreichte Position beizubehalten, äußert sich in zwar völlig natürlicher, aber für den Menschen äußerst gefährlicher Aggressivität. Denn die Grenzen dessen, was erlaubt ist, setzt nun der Hund fest. Jeder, der diese Grenzen überschreitet, muss damit rechnen, angegriffen und gebissen zu werden. Besonders stark sind hiervon Kinder und Besucher betroffen, die von dem Hund als rangniedrig eingestuft werden und sich zudem dem Hund gegenüber oft unüberlegt verhalten.

> **Tipp**
> Weisen Sie Ihrem Hund einen festen Platz in Ihrer Wohnung zu, aber nicht in der hintersten Ecke oder gar außerhalb der Wohnung. Auf diesen Platz muss sich der Hund zurückziehen können, wenn er seine Ruhe haben will oder wenn Sie ihn dorthin verweisen.

Problematisches Verhalten

▶ Ohne Bindung keine „Rangeinweisung": Je besser die Bindung eines Welpen an seine Menschen ist, desto einfacher wird es, dem Hund seinen Platz in der Gemeinschaft zuzuweisen.

Wichtige Grundlagen für die Rangeinweisung

- Erfüllen Sie die Bedürfnisse Ihres Hundes nach Bewegung, Kontakt und Spiel und sorgen Sie dafür, dass er sich wohl fühlt.
- Üben Sie positive und negative Reaktionen in einer dem Hund verständlichen Weise aus.
- Sorgen Sie innerhalb der Familie für die Aufstellung und Einhaltung allgemeingültiger Regeln im Verhalten gegenüber Ihrem Hund.
- Alle Familienmitglieder müssen sich ausreichend mit dem Hund beschäftigen, damit er zu jedem eine Bindung aufbauen kann.

Die **Rangeinweisung** eines Hundes erfordert viel Mühe, Zeit und nicht zuletzt Wissen um das Wesen des Hundes. Häufig wird in diesem Zusammenhang auch der Begriff Erziehung eingesetzt – und leider meistens missverstanden. Die Erziehung eines Hundekindes hat wenig bis gar nichts mit der Erziehung eines Menschenkindes gemeinsam. Beides erfordert zwar unter anderem Geduld und Konsequenz, aber damit hört die Vergleichbarkeit auch schon auf. Denn ein Hund wird und kann niemals die Sprache oder die Moralvorstellungen des Menschen erlernen und sich diese zu eigen machen. Entsprechend ist ein Hund auch niemals „fertig erzogen". Es ist beispielsweise völlig normal, dass eine bereits erfolgte Rangeinweisung immer wieder vom Menschen bestätigt werden muss, um für den Hund Gültigkeit zu behalten.

Was aber steht nun eigentlich hinter diesem Begriff der Rangeinweisung? Zunächst einmal muss man sich von der immer noch häufig verbreiteten Auffassung lösen, dass eine Menschenfamilie mit Hund in dessen Augen einem Hunderudel entspricht. Herrchen muss somit kein Rudelführer sein und Frauchen keine Leithündin.

Die Rangeinweisung eines Hundes innerhalb der Menschenfamilie erfolgt, indem der Hund lernt, die von ihr aufgestellten Regeln zu befolgen. Wichtig ist hierbei im Gegensatz zu einer häufig vertretenen Meinung nicht, dass die Durchsetzung dieser Regeln nur durch einen einzigen Menschen erfolgt: Der Hund soll den Kommandos aller Familienmitglieder Folge leisten.

Wichtige Grundlagen für die Rangeinweisung können relativ einfach bereits im Welpenalter gelegt werden. Denn auch wenn man einem Welpen noch nicht beibringen kann, bei Fuß zu

Aggressives Verhalten: der böse Hund?

gehen, so gibt es doch einige Dinge, auf die man bereits sehr frühzeitig einwirken kann und auch sollte. Beobachtet man nämlich eine Mutterhündin, so sieht man ab der sechsten bis achten Woche mit zunehmender Häufigkeit, wie diese ihre Welpen zurechtweist, wenn sie gesäugt werden wollen, zu heftig auf der Mutter herumspringen oder sie im Spiel zu fest beißen. Die Zurechtweisung besteht darin, dass die Hündin den Welpen über die Schnauze beißt (natürlich ohne sie zu verletzen), dabei den Kopf leicht schüttelt und knurrt. Dieses dem Welpen bereits bekannte Signal ist vom Menschen mit der Hand leicht zu imitieren, wobei das Knurren durch ein dem Menschen entsprechendes akustisches Signal („Nein", „Pfui") ersetzt wird. Entsprechende Situationen für den Einsatz des Schnauzengriffes wären beispielsweise Futterbetteln während der Mahlzeiten der Menschen, festes Zubeißen im Spiel oder Knurren beim Wegnehmen eines Spielzeugs.

Eine Rangeinweisung soll und darf aber keinesfalls zum Ziel haben, den Willen des Hundes zu brechen, ihn zu einer willenlosen Marionette seines Besitzers zu machen. Denn schließlich wird der Hund ja gerade aufgrund seiner Fähigkeit, ein aktives Mitglied der Gemeinschaft zu sein, so geschätzt!

So erkennen Sie, ob Ihr Hund den ihm zugewiesenen Rang akzeptiert:
– Bei Ansprache durch ein Familienmitglied und bei Begrüßung eines Nicht-Familienmitgliedes zeigt er einen selbstbewusst-freundlichen Ausdruck.
– Zur Begrüßung eines Familienmitgliedes zeigt er einen freundlichen, mehr oder weniger unterwürfigen Ausdruck (siehe Abschnitt „Hier gehör' ich hin").
– Bei Bedrohung (Schimpfen) durch ein Familienmitglied zeigt er einen beschwichtigenden bis abwehrenden Ausdruck.
– Gegenüber einem Familienmitglied zeigt er niemals einen angriffsbereiten Ausdruck.

Treten Veränderungen in den Verhaltensweisen des Hundes in eben diesen Situationen auf, zeigt also der Hund zur Begrüßung einen imponierenden Ausdruck oder droht er, wenn man mit ihm schimpft, ist das ein eindeutiges Zeichen dafür, dass das Tier gute Chancen sieht, seine Rangposition nach oben zu verschieben. Gleichzeitig fällt auf, dass er Kommandos weniger bereitwillig oder gar nicht befolgt. Es ist sehr wichtig, **frühzeitig** auf solche Anzeichen zu

▶ Einem Hund, der zuverlässig auf Kommandos reagiert, können mehr für ihn wichtige Freiräume zugestanden werden.

Problematisches Verhalten

reagieren. Denn wenn es erst einmal soweit ist, dass Besucher nicht mehr die Wohnung betreten dürfen oder der Hund nicht mehr aus dem Bett vertrieben werden kann, ist eine Gefährdung des Menschen gegeben und eine Korrektur in diesem sozialen Umfeld nur noch sehr schwer möglich.

Viele Hundebesitzer empfinden die für eine Rangeinweisung notwendigen aggressiven Maßnahmen als erniedrigend für den Hund. Den unterwürfigen Ausdruck eines Hundes als Zeichen der Erniedrigung, des verletzten Stolzes zu werten, ist aber im höchsten Maße vermenschlichend und ebenso falsch. Machen Sie sich bewusst, dass Ihr Hund keine derartigen Vorstellungen hat – er folgt nur seinen angeborenen und erlernten Verhaltensmustern.

Auch Hunde, die keine spezielle Ausbildung erhalten, müssen lernen, Sie und Ihre Familie als Ranghöheren zu akzeptieren. Denn nur, wenn er zuverlässig auf Kommandos reagiert, also kontrollierbar ist, können dem Hund die auch für ihn wichtigen Freiräume zugestanden werden.

Der Übersicht halber sollen an dieser Stelle auch jene Hunde als mögliches Gefahrenpotential genannt werden, die auf den Menschen abgerichtet sind. Damit soll nicht gesagt sein, dass jeder zum Schutzhund ausgebildete Hund zwangsläufig unberechenbar ist. Es ist aber eine Tatsache, dass es immer wieder Übergriffe derart trainierter Hunde auf Menschen gibt. Worauf die hohe **Angriffsbereitschaft** des jeweiligen Tieres im Einzelnen beruht, ob der Hund also übermäßig selbstbewusst oder im Gegenteil völlig verunsichert im Umgang mit Menschen ist, lässt sich nur im Einzelfall klären.

Bitte bedenken Sie, dass nicht jeder Hund, der einer bestimmten Rasse angehört oder eine bestimmte Körpergröße hat, sich auch für die Schutzhundausbildung eignet. Man kann also nur davon abraten, sich einen Welpen mit dem Ziel zu kaufen, aus ihm einen Schutzhund zu machen. Denn besonders Hunde, die sich im Laufe der Ausbildung als ungeeignet erweisen und diese daher nicht abschließen, werden

▶ Auch kleine Hunde brauchen ausreichend Bewegung. Das gilt nicht nur für Terrier, wie diesen Jack Russell.

häufig zum Problem. Dass jegliche Ausbildung eines Hundes nur unter fachkundigster Anleitung erfolgen soll, ist zwar selbstverständlich, soll aber trotzdem noch einmal betont werden.

Problemverhalten durch Unwohlsein

Es gibt eine Vielzahl an hundlichen Verhaltensmustern, die Menschen als problematisch empfinden. Neben aggressivem Verhalten sind hier auch Angst und Hyperaktivität zu nennen. Doch es ist nicht das problematische Verhalten selbst, das dem Hund sozusagen in die Hundewiege gelegt worden ist, sondern sein Anpassungsvermögen. Innerhalb dieses Anpassungsvermögens gibt es für jeden Hund einen optimalen Bereich, seinen individuellen **Wohlfühlbereich.** Der eine Hund fühlt sich am wohlsten, wenn er ständig beschäftigt ist, fremde Artgenossen und Menschen trifft – wenn er also viel positiven Stress erfährt. Ein anderer will vielleicht auch beschäftigt werden, aber vorzugsweise mit einer festen, gleichbleibenden Aufgabe. Wieder ein anderer fühlt sich vor allem dann wohl, wenn er viel Ruhe hat.

Nun ist es keineswegs so, dass ein Hund sofort eine Verhaltensstörung entwickelt, sobald er sich nicht mehr in seinem optimalen Wohlfühlbereich befindet. Wie weit und für wie lange er sich außerhalb dieses Bereiches befinden kann, ohne ernsthafte Probleme zu entwickeln, ist jedoch unterschiedlich und beschreibt eben sein Anpassungsvermögen. Eine gewisse Toleranz für die **Überschreitung des Anpassungsvermögens** kann durchaus trainiert werden. Es ist zum Beispiel für keinen Hund normal, für längere Zeit alleine und von seinen Sozialpartnern getrennt zu sein. Ein Hund kann aber sehr wohl lernen, dass die Trennung nur vorübergehend ist und seine Menschen immer zurückkommen. Um eine solche Überschreitung des Anpassungsvermögens tolerieren zu können, ist vor allem Vorhersagbarkeit wichtig: Der Hund muss in kleinen Schritten lernen, dass bestimmte Vorgänge, die er als nicht angenehm empfindet, unvermeidlich sind, jedoch immer ein gutes Ende nehmen. Und ein gutes Ende bedeutet vor allem: Wiederherstellung des Wohlfühlbereiches und dadurch Entspannung.

Entspannung kann sich jedoch nicht einstellen, wenn für den Hund unvorhersehbar ist, wann die nächste Störung eintreten wird und natürlich ebenso wenig, wenn er sich dauerhaft an den Grenzen seines Anpassungsvermögens bewegt oder sogar darüber hinaus. Es ist daher wichtig, den Bereich des optimalen Wohlbefindens seines Hundes zu kennen und ihm die dafür erforderlichen Umweltbedingungen zur Verfügung zu stellen. Das gelingt zumeist umso besser, wenn die Wohlfühlbereiche des Hundes und seiner Menschen gut übereinstimmen. Es ist leicht vorstellbar, dass Menschen, die gerne aktiv und viel unterwegs sind, einen ruhebedürftigen Hund leicht überfordern können. Entsprechend werden eher ruhebedürftige Menschen einen daueraktiven Hund möglicherweise als hyperaktiv empfinden.

Problemverhalten oder Verhaltensstörungen eines Hundes zeigen also vor allem eines an: dass der Hund sich nicht wohlfühlt und sein Anpassungsvermögen dauerhaft überschritten ist. Es sind daher in aller Regel die Lebensbedingungen des Hundes, die verändert und besser auf den Hund abgestimmt werden müssen – nicht jedoch der Hund selber.

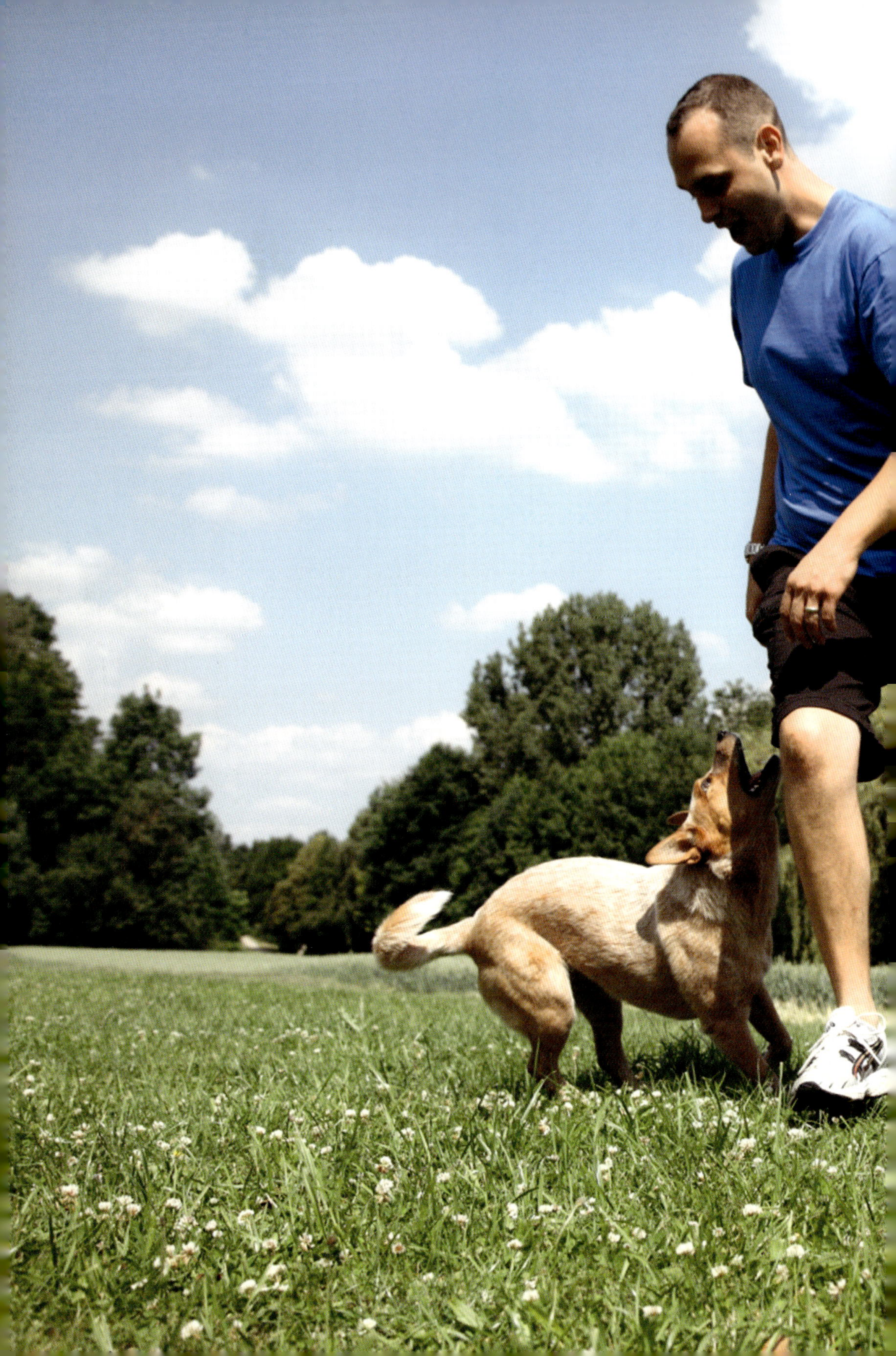

Probleme im Alltag

Kommunikationsprobleme

Ein Hund befindet sich jederzeit im Informationsaustausch mit seiner Umwelt – außer, wenn er gerade schläft. Wir Menschen verlassen uns so sehr auf unsere Wortsprache, dass uns Signale der Körpersprache oftmals entgehen. Sogenannte „schlechte Angewohnheiten" eines Hundes entstehen meist durch Nachlässigkeit im alltäglichen Umgang mit dem Hund.

Verständigung zwischen verschiedenen Rassen

Die Fähigkeit des Haushundes, seine Absichten durch Körpersprache verständlich zu machen, ist grundsätzlich äußerst vielfältig. Wie bereits erwähnt, sind jedoch bei einigen Rassen einzelne Ausdrucksbausteine aufgrund angeborener äußerer Merkmale oder auch aufgrund massiver Eingriffe des Menschen stark verfälscht oder fehlen sogar ganz.

Bei der Auswahl und Züchtung einer Hunderasse sind die äußeren Merkmale oftmals von vorrangiger Bedeutung. Der Wunsch, außergewöhnlich aussehende Rassen zu züchten, kann teilweise bizarre Formen annehmen. So sind extreme Körpergrößen und Wuchsformen, die für das Tier mit Schmerzen, Verletzungs- und Gesundheitsrisiken verbunden sind (sogenannte Qualzuchten) leider häufig anzutreffen. Dies fängt an mit Schäden, die bei bestimmten Rassen auftreten können, aber nicht müssen, wie beispielsweise Bandscheibenschäden bei Rassen mit extrem langem Rumpf (zum Beispiel Dackellähme). Es gibt aber auch Rassen, die unter ihren angezüchteten körperlichen Eigenschaften unvermeidlich ein Leben lang zu leiden haben. Hierzu gehört beispielsweise der Pekingese, dessen Gesichtsschädel so stark deformiert ist, dass er weder normal fressen – der Unterkiefer ist länger als der Oberkiefer – noch normal atmen kann, weil sämtliche Atemwege im Bereich des Gesichtes verkrümmt sind. Ebenfalls betroffen sind die Tränenkanäle des Pekingesen, die so deformiert sind, dass er zu ständig tränenden Augen neigt. Ganz ähnliche Symptome treten auch bei Deutschen Boxern und anderen Rassen auf.

Da das Aussehen der verschiedenen Hunderassen extrem unterschiedlich sein kann, stellt sich die Frage, ob deren Verständigung untereinander mit Hilfe sichtbarer Signale überhaupt noch gewährleistet ist. Einige Veränderungen äußerer Merkmale wirken sich auf einzelne Signalbausteine hinderlich aus oder machen sie vollständig unmöglich. So kann ein nur noch in Form seiner

Zurück zur Natur?
Die Wiederherstellung weggezüchteter Ausdrucksmöglichkeiten kann kein Argument für schmerzhafte operative Eingriffe am Hund sein. Wenn also einige Hundebesitzer oder -züchter das Kupieren von Ohren bei bestimmten Rassen damit begründen, dass es in der Natur schließlich auch keine Hängeohren gibt, so ist das bestenfalls als äußerst oberflächliche Denkweise zu bezeichnen.

Verständigung zwischen verschiedenen Rassen

Wurzel vorhandener Schwanz weder eingekniffen noch aufgerichtet werden. Hängeohren lassen sich kaum spitzen und langes Fell kann man nicht sichtbar sträuben.

Bestimmten Rassen werden bestimmte rassetypische **Wesenszüge** nachgesagt, also ein rassetypisches Ausdrucksverhalten. So sollen einige Rassen eher lautäußerungsfreudig sein, andere ausgesprochen lebhaft, wieder andere sollen zu überhöhter Nervosität neigen. Auch wenn bestimmte Verhaltensneigungen in gewissem Maße rassetypisch sein können, so haben auch Hund einer bestimmten Rasse, trotz ihrer äußerlichen Ähnlichkeit, durchaus sehr unterschiedliche Persönlichkeiten. Man kann sich gut vorstellen, dass jeder junge Hund, ob Rasse- oder Mischlingshund, zunächst einmal lernen muss, dass nicht alle Hunde so aussehen und sich so verhalten wie seine Wurfgeschwister und seine Mutter. Trotzdem ist eine Verständigung zwischen Hunden verschiedener Rassen möglich, wie jeder weiß, der einmal solche Tiere zusammen erlebt hat. Das mag auch damit zusammenhängen, dass ein bestimmter Ausdruck aus verschiedenen Einzelsignalen besteht, von denen meistens doch zumindest noch einige gezeigt werden können.

Für den Hundehalter ist es wichtig, das Verhalten seines Hundes nicht nach menschlichen Maßstäben zu beurteilen. Häufig wird zum Beispiel das Verhalten eines eher dominanten Tieres vermenschlichend und damit fälschlicherweise als „böse", und umgekehrt das eines unterwürfigen als „feige" interpretiert. Entsprechend der Einstellung des jeweiligen Menschen wird solches völlig artgemäßes Verhalten verschiedener Hundepersönlichkeiten dann entweder zu stark gefördert oder zu schnell unterbunden.

Das Einschreiten des Menschen bei Begegnungen zwischen gut sozialisierten Hunden ist tatsächlich nur selten notwendig. Hunde tragen ihre Konflikte in einer Art und Weise aus, die auf uns Menschen recht heftig oder auch bedrohlich wirken kann, es aber zunächst einmal nicht ist. Zu Verletzungen kommt es bei Auseinandersetzungen eigentlich nur dann, wenn einer der Kontrahenten sich nicht situationsgerecht verhält, also zum Beispiel nicht auf die Unterlegenheitssignale des anderen reagiert, oder eben deutliche Überlegenheit nicht anerkennt.

▶ Extreme Rassevielfalt, extreme Unterschiede im Aussehen. Da stellt sich die Frage: Können sich überhaupt alle Hunderassen untereinander verständigen?

Können Hunde lügen?

Wann immer Hunde aufeinandertreffen, übermitteln sie Signale, mit Hilfe derer sie ihren Umgang aufeinander abstimmen. Beide geben und erhalten Informationen und beide ziehen Vorteile daraus. Was aber geschieht, wenn einer der Beteiligten falsche Informationen übermittelt? Können Hunde überhaupt „lügen"?

Da der Begriff des Lügens im menschlichen Sprachgebrauch mit einer Wertung verbunden ist, nämlich eine Handlung beschreibt, die moralisch verwerflich ist, kann er so auf Tiere grundsätzlich nicht angewandt werden. Besser trifft der Begriff „vortäuschen" den Charakter der Übermittlung von falschen Informationen, welche man bei Tieren durchaus beobachten kann. Denn das „Lügen" besteht bei Tieren vor allem in der **Übertreibung körperlicher Eigenschaften** (Größe, Stärke) oder auch Absichten (zum Beispiel Angriffsbereitschaft, Demut). Übertreibungen sind bei Hunden auch fester Bestandteil bestimmter Signalkombinationen, wie zum Beispiel das Fellsträuben beim Drohen oder Imponieren, das den Körper auf den Rivalen größer wirken lassen soll.

Hunde verstehen es aber auch, eine Absicht vorzutäuschen, um an ein auf direktem Wege nicht erreichbares Ziel zu gelangen. Beispielsweise kann ein rangniederes Tier sich in extrem unterwürfiger Haltung sehr viel eher einem Ranghöheren so weit nähern, dass es ihm gelingt, ein begehrtes Futterstück zu schnappen. In welchem Umfang ein Hund solche Täuschungsmanöver anwendet, hängt natürlich von deren Erfolg ab. Unter Hunden, die einander kennen, überwiegen ehrliche Informationen ganz eindeutig, da **Täuschungen** schnell als solche erkannt und entsprechend nicht mehr beachtet werden.

Besonders im Zusammenleben mit dem Menschen entwickeln sich manche Hunde jedoch zu wahren Täuschungsexperten. So werfen manche Hunde sich in höchsten Tönen fiepend auf den Rücken, wenn der Mensch nur tadelnd den Blick auf ihn richtet – wohl wissend, dass sie so jeglicher möglichen Strafe entgehen. Es gibt Hunde, die während des Spaziergangs gerne mal unerlaubt verschwinden und dann hinkend – obwohl natürlich unverletzt – zurückkehren. Andere Hunde legen sich erbärmlich zitternd, also offensichtlich frierend, zu Füßen ihres Menschen auf den Fußboden, um so auf den bevorzugten Platz auf der Couch zu gelangen.

All diese vorgetäuschten Signale dienen dazu, dem Sender Vorteile zu ver-

▶ Hunde können sehr überzeugend „betteln". Je öfter ein Hund mit einer Strategie Erfolg hat, desto öfter zeigt er sie.

schaffen. Sie demonstrieren aber keine Hinterlist oder Falschheit, sondern die ausgeprägte Lernfähigkeit des Haushundes. Diese Lernfähigkeit ermöglicht es ihm, die individuellen Eigenschaften des Partners und frühere Erfahrungen im Umgang mit diesem in seine jeweilige Vorgehensweise einfließen zu lassen. Mit anderen Worten: Je häufiger ein Hund mit einer bestimmten Verhaltensstrategie das Erwünschte erreicht, desto häufiger wendet er sie an.

Zufällige Lerneffekte

Dieser Mechanismus gilt natürlich auch für Verhaltensweisen, die recht unangenehm für den Menschen sein können. So kann es zum Beispiel passieren, dass ein Hund die Erfahrung macht, etwas Leckeres vom Frühstückstisch zu erhalten, wenn er nur lange genug bellt. Ein solcher Lerneffekt kann ganz zufällig entstehen: Der Hund sitzt vielleicht während des Frühstücks immer neben dem Tisch und bettelt vielleicht sogar ein wenig – aber ohne Erfolg. Eines Tages hört er dann während des Frühstücks ein Geräusch, beginnt zu bellen und schaut dabei den Menschen an, weil er ihm ja etwas mitteilen möchte. Der Mensch hat das Geräusch aber gar nicht gehört und hält auch das Bellen für Betteln. Nach der dritten erfolglosen Aufforderung, doch endlich ruhig zu sein, bekommt der Hund nun ein Stück Brötchen, damit er endlich aufhört zu bellen. Spätestens, wenn so etwas zum zweiten Mal passiert ist, kann man sicher sein, einen ständig bellenden Frühstücksteilnehmer angelernt zu haben.

Solche zufälligen Lerneffekte treten recht häufig und manchmal in sehr ungewöhnlichen Ausprägungen auf. Da es oft schwer oder sogar unmöglich ist, die Entstehung eines solchen Verhaltens nachzuvollziehen, entsteht leicht der Eindruck, dass der Hund sich bewusst „schlecht" verhält, um etwas Bestimmtes zu erreichen. Diese Interpretation ist jedoch vermenschlichend und daher für einen Hund nicht zutreffend. Das Tier hat einfach gelernt, dass in einer bestimmten Situation eine ganz bestimmte Verhaltensweise belohnt wird.

Hundebesitzer, denen die ihrer Ansicht nach schlechten Angewohnheiten ihres Tieres über den Kopf wachsen, lassen sich relativ schnell von den immer mehr werdenden „Hundeexperten" überzeugen, die manchmal auch die „Umerziehung" eines Hundes innerhalb weniger Wochen für viel Geld anbieten. Man gibt den Hund nur ab – wie ein Auto in die Werkstatt – und bekommt ihn kurze Zeit später „repariert" zurück.

Es ist gut möglich, ja sogar wahrscheinlich, dass der Hund die „unerwünschten" Verhaltensweisen schon nach wenigen Umerziehungs-Tagen nicht mehr zeigt. Genauso wahrscheinlich ist es allerdings, dass der frisch „reparierte" Hund sich, zurück zu Hause, wieder unerwünscht verhält. Denn ein Hund stimmt seine Verhaltensstrategien äußerst feinsinnig auf den jeweiligen Partner ab. Er lernt also schnell, dass das entsprechende Verhalten beim Hundetrainer nicht gut ankommt, was aber nicht bedeutet, dass der Hund die-

> **Hinweis**
> Wenn Sie mit Ihrem Hund eine Hundeschule besuchen möchten, erkundigen Sie sich nach der Qualifikation der verantwortlichen Personen. Begriffe wie „Hundetrainer", „praktischer Kynologe" oder „Hundeausbilder" sind keine staatlich anerkannten Berufe, das heißt, jeder kann sich so nennen.

Probleme im Alltag

▶ Sich auf dem Arm tragen zu lassen, ist ein Vertrauensbeweis des Hundes. Fremde Hunde, auch wenn sie klein sind, sollte man daher keinesfalls einfach so hoch nehmen.

ses Wissen nun auf den Umgang mit jedem anderen Menschen überträgt.

Deshalb kann ausschließlich die gemeinsame Ausbildung von Hund und Besitzer mögliche Probleme lösen. Und genau das wird jeder seriöse Fachmann für Verhaltensprobleme bei Hunden auch empfehlen.

Schlechte Angewohnheiten?

Im vorherigen Kapitel wurden bereits erlernte Verhaltensweisen des Hundes angesprochen, die der Mensch häufig als schlechte Angewohnheiten empfindet. In diesem Zusammenhang sollen auch einige ebenfalls zumeist unerwünschte Verhaltensweisen angesprochen werden, die jedoch nicht erlernt werden müssen, sondern ganz einfach **hundetypisch** sind.

Zunächst wäre hier das **Betteln am Tisch** zu nennen. Für einen Hund ist es ganz natürlich, mit allen Mitgliedern seiner sozialen Gemeinschaft zusammen zu fressen. Es gibt bei Hunden sogar eine Fressrangordnung, die von der sozialen Rangordnung abweichen kann. Das heißt, Hunde, die in der sozialen Rangordnung einen relativ niedrigen Rang einnehmen, können in der Fressrangordnung eine deutlich bessere Position haben. Das Bestreben eines Hundes, an den Mahlzeiten seiner Familie teilzunehmen, ist also keineswegs ein Anlass, das Rangordnungsbewusstsein seines Hundes in Frage zu stellen. Es ist aus ganz anderen Gründen sinnvoll, einen Hund nicht am Tisch zu füttern. Zunächst einmal sind solche Zusatzhappen in der Regel sehr kalorienreich und tragen daher schnell zu einer Überfütterung des Tieres bei. Außerdem kann es vor allem für Gäste sehr störend sein, einen aufdringlich bettelnden – möglicherweise knurrenden, bellenden oder kratzenden – Hund während der Mahlzeit neben dem Stuhl sitzen zu haben. Wenn man einem Hund also Essensreste geben möchte (zum Beispiel Gemüse, Reis, Nudeln), so sollte man das einige Zeit nach der Menschen-Mahlzeit, also beispielsweise nach dem Abwasch, tun. Hunde gewöhnen sich sehr schnell an feste Regeln und fangen dann eben während des Abwaschens an, sich auf etwas Leckeres zu freuen, anstatt schon während des Tischdeckens.

Ein weiteres Beispiel der für den Menschen unerfreulichen Verhaltensweisen ist das Bellen oder Heulen des Hundes, wenn man ihn **alleine lässt**. Für einen Hund ist es völlig unnormal, alleine zurückzubleiben, wenn seine

Schlechte Angewohnheiten?

Sozialpartner weggehen. Zudem nutzt und fördert der Mensch dieses Bestreben des Hundes, in unmittelbarer Nähe zu bleiben. Bei Spaziergängen ruft man ja seinen Hund zurück, sobald dieser sich zu weit entfernt. Das Zurückkommen, bzw. das Nicht-Entfernen des Hundes wird zudem ausgiebig belohnt. Der Wunsch, in der Nähe des Menschen zu bleiben, ist bei einem Hund umso größer, je weniger selbstbewusst oder unsicherer er ist. Dementsprechend beängstigend ist es dann auch für das Tier, den Kontakt zu seinen Menschen für längere Zeit zu verlieren. Er muss also versuchen, den Kontakt wieder herzustellen. Da aber kein Sichtkontakt mehr besteht, muss auf ein akustisches Signal zurückgegriffen werden, das geeignet ist, auch größere Distanzen zu überwinden: Bellen oder Heulen.

Es gibt keine Möglichkeit, einem Hund dieses Verhalten abzugewöhnen, ohne ihm ernsthaften Schaden zuzufügen. Die Anwendung von Halsbändern, die dem Hund einen elektrischen Schlag verpassen, sobald er bellt, ist nicht nur verboten – sie machen die Sache in der Regel sogar nur noch schlimmer. Denn jetzt ist der Hund nicht nur allein, sondern bedarf auch noch der Hilfe seiner Sozialpartner. Ein Grund mehr, um noch lauter zu bellen! „Ruhestörungen" durch Ihren Hund können Sie also nur verhindern, indem Sie ihn entweder nicht alleine lassen, oder aber, indem Sie ihm so viel Umweltsicherheit und Vertrauen zu seinen Sozialpartnern vermitteln, dass er es nicht als beängstigend empfindet, für einige Zeit alleine zu sein.

Und hier findet sich auch die Überleitung zu der nächsten „schlechten Angewohnheit". Hunde, die sehr umweltsicher sind, entwickeln manchmal die Tendenz, alleine ein wenig spazieren zu gehen. Dies ist keineswegs als Indiz für eine mangelnde soziale Bindung anzusehen. Natürlich gibt es auch Hunde, die im gestreckten Galopp davonlaufen, wenn sie die Möglichkeit dazu haben. Solches Verhalten kann auf einer ausgeprägten Jagdleidenschaft, auf einem drastischen Bindungsmangel oder auch auf ebenso drastischem Bewegungsdefizit beruhen. Es handelt sich dann jedoch eher um ein Fehlverhalten des Menschen, das umgehend korrigiert

▶ Hunde bleiben ungern allein daheim – und tun dies oft lautstark kund. Hier hilft nur ein schrittweises Training.

werden sollte. Auch gut sozialisierte Hunde können auf die Idee kommen, sich ab und an selbstständig zu machen. Sie drehen dann eine Orientierungsrunde durch ihr Revier und kommen nach einiger Zeit ganz arglos zurück. Häufig benutzen Hunde in diesem Fall dieselben Wege und sind daher leicht zu finden, wenn man diesen Rundgang einmal kennt. Natürlich kann man ein solches Verhalten des Hundes nicht tolerieren, da immer die Gefahr besteht, dass der Hund beim Überqueren einer Straße einen Unfall verursacht oder fremde Gärten besucht. Es ist aber nicht ganz einfach, dem Hund dieses Herumstreunen wieder abzugewöhnen. Ausgesprochen negativ auf die Rückkehr des Hundes zu reagieren kann durchaus die Ausflüge noch verlängern.

> **Tipp**
> Neigt Ihr Hund zum Streunen, passen Sie ihn auf seinem möglichen Weg ab und machen Sie ihm durch Ihr Verhalten klar, dass Sie das nicht dulden. Geben Sie zusätzlich eine verständliche Anordnung wie „bei Fuß" oder „Platz".

Am sinnvollsten ist es, den Rundgang des Hundes herauszufinden, ihn möglichst schnell abzupassen und ihn – nach für den Hund verständlicher Maßregelung – nach Hause zu bringen. Wichtig ist, dass Sie die Zurechtweisung mit einer Anordnung verbinden, die für den Hund im Zusammenhang mit seinem Weggehen steht: Ist er aus dem Garten weggelaufen, sagen Sie „Geh auf deinen Platz"; ist er während eines Spazierganges streunen gegangen, sagen Sie „bei Fuß".

Da jeder Hund seine eigene ausgeprägte Persönlichkeit hat, können solche Eigenschaften in allen möglichen Abstufungen und Kombinationen auftreten. Einige Hunde stellen sich für den Menschen als völlig unkompliziert dar, während andere gleich verschiedene Ecken und Kanten in sich vereinigen. Man sollte jedoch immer im Hinterkopf behalten, dass ein unauffälliger Hund keineswegs der bessere Hund sein muss.

Ohne Mensch wird's schwer

Zunächst einmal mag es ein wenig banal erscheinen, nach den Einflüssen des Menschen auf die Verständigung zwischen Hunden zu fragen. Natürlich nimmt jeder Hundehalter Einfluss, indem er seinem Hund Kontakt zu Artgenossen erlaubt oder auch nicht, Dauer und oftmals auch Verlauf der Begegnung bestimmt und vieles mehr.

Weniger offensichtlich ist die Tatsache, dass der soziale Bezug zu einem

▶ Eine ausgeprägte Jagdleidenschaft kann dazu führen, dass Hunde sich unterwegs verselbstständigen.

Menschen für die normale Entwicklung eines Hundes absolut notwendig sein kann. So hat man beispielsweise festgestellt, dass viele Haushunde kaum noch in der Lage sind, unter völliger Abwesenheit von Menschen einen stabilen Sozialverband nur mit Artgenossen zu bilden. Pudel zum Beispiel, die als Haushunde im Umgang mit dem Menschen ausgesprochen unproblematisch sind, verhalten sich gegenüber Artgenossen in überraschendem Ausmaß aggressiv, wenn sie gezwungen sind, ohne menschliche Bezugsperson in einer Gruppe zusammenzuleben. Das haben umfangreiche Untersuchungen im Institut für Haustierkunde der Universität Kiel erwiesen.

Bereits die Art der Bindung des Hundes an den Menschen hat ganz schwerwiegende Auswirkungen auf die Fähigkeiten des Tieres, sich mit Artgenossen zu verständigen. Mit anderen Worten: Es sind nicht nur dann Probleme zu erwarten, wenn Hunde – vor allem in den ersten Lebensmonaten – zu wenig Kontakt zu Menschen haben. Auch unfreundlicher oder distanzierter Umgang mit einem Welpen führt schnell zu ausgesprochen unsicherem Verhalten des Tieres – auch gegenüber Artgenossen! Solche Hunde, die ohne ausreichenden oder angemessenen Sozialkontakt zum Menschen aufwachsen, bleiben oftmals zeitlebens übermäßig ängstlich und unsicher.

Es ist also ein großer Irrtum, zu denken, dass man weniger Zeit investieren muss, wenn man sich zwei oder mehrere Hunde zulegt, die sich dann ja „gegenseitig beschäftigen". Gleiches gilt für die Zwingerhaltung – sie verbietet sich nicht nur für einen einzelnen Hund, sondern sie ist völlig unabhängig von der Anzahl der Tiere keine hundegerechte Art der Unterbringung, auch wenn sie nicht gegen geltendes Tierschutzrecht verstößt.

Untersuchungen unterschiedlichster Rassen, vor allem durch Dr. Feddersen-Petersen in Kiel, haben gezeigt, dass Hunde, egal welcher in so ausgeprägtem Maße zum Haustier geworden sind, dass der Mensch ein notwendiger Bestandteil ihrer sozialen Umwelt ist.

Verbale gegen nonverbale Kommunikation

Wie gut können sich Mensch und Hund denn nun wirklich verstehen? Sind Hunde fast schon vierbeinige Menschen oder sind sie „nur" Tiere, die in der Lage sind, einige Kommandos zu erlernen? Hier gilt weder das eine noch das andere. Allerdings liegt die Wahrheit auch nicht einfach in der Mitte.

Hunde haben keine **Sprache im menschlichen Sinn** und sie können unsere Sprache auch nicht erlernen. Sie verfügen aber über eine eigene Art der akustischen Verständigung, die durchaus umfangreiche Möglichkeiten bietet. Einige der akustischen Signale des Hundes funktionieren dabei so ähnlich wie die Worte des Menschen, das heißt ein bestimmter Laut beinhaltet eine ganz bestimmte Aussage wie beispielsweise Spielaufforderungsbellen oder Isolationsheulen. Andere Laute können ganz unterschiedliche Bedeutungen anneh-

> **Tipp**
> Auch wenn Sie mehrere Hunde halten, ist ein intensiver Sozialkontakt zum Menschen notwendig. Sie sind weiterhin die wichtigste Bezugsperson und geben auch den Rhythmus für Aktivitäten wie Fressen, Spiel oder Auslauf vor.

Probleme im Alltag

▶ Der „leidende" Gesichtsausdruck eines Mopses ist angeboren und nicht Ausdruck seines Gemütszustandes.

men, je nachdem, mit welchen Mimik- oder Körpersignalen sie verbunden werden.

Genau auf diese Art versteht ein Vierbeiner auch die menschliche Sprache. Er lernt, dass bestimmte akustische Signale (= Worte), ganz unabhängig von der jeweiligen Situation oder anderen Faktoren, eine festgelegte Bedeutung haben. Diese Kommandos, wie „Aus", „Pfui", „Platz", „Bei Fuß" usw. könnten allerdings auch durchaus durch Signale wie Pfeifen oder Klatschen ersetzt werden. Mit anderen Worten: der Hund erlernt nicht die Wortbedeutung, sondern den Klang des akustischen Signals. Selbstverständlich ist ein Hund ganz problemlos in der Lage, ein solches erlerntes Signal aus einer langen Reihe unbekannter Signale herauszufiltern. Verpackt der Mensch also ein Kommando in einen langen Satz, wird der Hund immer noch verstehen, was von ihm erwartet wird.

Ein solcher Satz, der natürlich vorwiegend nicht erlernte Worte enthält, übermittelt dem Hund aber durchaus auch weitere verwertbare Informationen. Sagt man beispielsweise: „Aber Bello, ich habe dir doch schon so oft gesagt, dass du den Papierkorb nicht ausräumen darfst – das ist doch pfui!", so reagiert der Hund schon bevor das erlernte Kommando „Pfui" ausgesprochen wird erkennbar unterwürfig. Was den Hund so frühzeitig reagieren lässt, ist natürlich der vorwurfsvolle Tonfall der Stimme, die drohende Körperhaltung und der starre Blickkontakt – also genau die Signale der Körpersprache, die auch unter Hunden die Bedeutung vieler Laute festlegen.

Die Perfektionierung unserer Wortsprache hat dazu geführt, dass wir Menschen uns oft kaum noch der **nicht-sprachlichen Signale** bewusst sind, die wir aussenden. Ebenso wenig sind wir in der Lage, solche Signale unseres jeweiligen Gegenübers zu erkennen und richtig zu verstehen. Hunde jedoch sind wahre Meister in der Erkennung und Interpretation körpersprachlicher Signale. Sie haben in der Tat „übermenschliche" Fähigkeiten, wenn es darum geht, Stimmungen und Gemütsbewegungen zu erkennen. Diese Fähigkeit macht es auch unmöglich, einen Hund zu belügen. Ruft man also seinen Hund, nachdem dieser sich falsch verhalten hat, mit der Absicht, ihn zu bestrafen, so wird er trotz freundlichster Worten oder leckerster Leckerlis entweder gar nicht oder mit allen Signalen der Unterwürfigkeit angekrochen kommen. Denn aus Sicht des Vierbeiners verleihen die nicht-sprachlichen Signale den Worten ihren eigentlichen Sinn.

Unsere verkümmerten Fähigkeiten, nicht-sprachliche Signale zu erkennen, machen es für uns auch so schwer, Hunde zu verstehen. Infolgedessen wird das Verhalten eines Hundes häufig völlig vermenschlicht, oder aber ihm wird gar keine Bedeutung beigemessen, was natürlich ebenso falsch ist. Versuchen Sie deshalb, das Verhalten Ihres Hundes kennenzulernen und es wertneutral zu interpretieren.

Von der Vermenschlichung zur Verständigung

Die Ansicht einiger Menschen, dass jeder Hund letztlich immer noch ein Wolf und sein natürlicher Lebensraum somit die freie Wildbahn sei, ist ganz eindeutig falsch. Einen „wilden" Lebensraum in diesem Sinne, nämlich das Umfeld, in dem eine Art ohne jedes Zutun des Menschen lebt, lässt sich für den Haushund wohl schwerlich finden. Denn wie bereits erwähnt, ist gerade der Mensch ein wichtiger Bestandteil der natürlichen Umwelt des Hundes. Selbst verwilderte Hunde, wie es sie in einigen Ländern in großer Zahl gibt, leben zumin-

> **Tipp**
> Besonders für all diejenigen, die sich das erste Mal für die Haltung eines Hundes entscheiden, kann es sehr sinnvoll sein, einen nicht mehr ganz jungen, gut sozialisierten Hund aus dem Tierheim zu sich zu holen!

dest vorwiegend in der Nähe von Menschen und häufig in einiger Abhängigkeit von ihnen. Eine echte „Auswilderung" von Haushunden ist also in keinem Falle denkbar oder wünschenswert.

Entspricht also doch der „Lebensraum Wohnzimmer" den Bedürfnissen des Hundes am besten? Natürlich nicht im wörtlichen Sinne – aber ein Zusammenleben von Hund und Mensch, das den Bedürfnissen aller Beteiligten entspricht, ist durchaus möglich. Es sei jedoch nochmals betont, dass es *den* Haushund und damit *die* einzig richtige, hundegerechte Haltung nicht gibt. Die Bedürfnisse verschiedener Hunde können ebenso weit voneinander abweichen wie ihre äußeren Merkmale. Es sind die ganz persönlichen Eigenarten jedes einzelnen Hundes, die darüber

▸ Hunde sollten weder vermenschlicht, noch zu sehr versachlicht werden.

entscheiden, welche Lebensweise am besten zu ihm passt, was er braucht, um sich wirklich wohl zu fühlen.

Es ist natürlich gar nicht so einfach, seinen Hund weder zu vermenschlichen noch zu versachlichen, seine Täuschungsmanöver zu entlarven und schließlich seine echten Bedürfnisse zu erkennen und zu befriedigen. Besonders für Menschen, die erstmals auf dem Wege sind, Hundebesitzer zu werden, empfiehlt es sich daher nicht unbedingt, einen Welpen als „Übungshund" auszuwählen. Sinnvoller ist es, einen bereits gut sozialisierten älteren Hund aus dem Tierheim zu sich zu holen. Denn bei weitem nicht alle Hunde, die im Tierheim landen, sind „Problemhunde". Es gibt immer etliche, die tatsächlich aufgrund widriger Umstände abgegeben werden mussten und eigentlich wunderbare Familienhunde sind. Von solch einem Tier kann ein Hundehalter-Neuling sehr viel lernen.

Letztlich liegt es in der Verantwortung jedes Hundebesitzers, eine tatsächliche Verständigung zwischen Mensch und Tier zu ermöglichen. Das Ausdrucksverhalten des Hundes kann und muss dem Menschen dabei als Grundlage für die Beurteilung des Wohl- bzw. Unwohlbefindens seines Tieres dienen.

Es ist keinesfalls vermenschlichend dem Tier Empfindungen und Gefühle zugesteht – denn solche haben sie ganz unbestreitbar, auch wenn sie ihre Empfindungen nicht beim Namen nennen können. Die Fähigkeit des Hundes, beispielsweise positive und negative Gefühle zum Ausdruck zu bringen und an der Freude und am Leid seines Menschen teilzunehmen, macht sicherlich einen Großteil der oft tief empfundenen Zuneigung zwischen Mensch und Hund aus. Trotzdem wird das Leiden des Hundes selbst oftmals nicht wahrgenommen. Und ohne Zweifel leiden viele Hunde unter der Nicht-Erfüllung ihrer Bedürfnisse bzw. einer Überbeanspruchung ihrer Anpassungsfähigkeit. Die Art des Leides, die eine nicht-hundegerechte Lebensweise für das Tier bedeutet, kann allerdings sehr unterschiedlich sein und ist meistens nicht auf den ersten Blick als solches erkennbar. So wirkt ein Hund, der aufgrund seines übermäßig aggressiven Verhaltens verschiedenen Einschränkungen unterliegt – kein Kontakt zu anderen Hunden oder Besuchern – nicht unbedingt leidend, sondern eher so, als wolle er Leid zufügen.

Es ist aber so, dass eine dauernde Aggressionsbereitschaft für den Hund einen ungeheuren Stress bedeutet, der über kurz oder lang auch zu ernsthaften gesundheitlichen Problemen führen

▶ Vierbeiner aus dem Tierschutz sind nicht automatisch „problematisch". Sie sind aber oft verunsichert und brauchen etwas Zeit, um erneut eine Bindung einzugehen.

Von der Vermenschlichung zur Verständigung

▶ Positive Sozialkontakte zu Artgenossen: für das soziale Wesen Hund äußerst wichtig.

kann. Da natürlich zudem das Ausleben der Aggression ständig verhindert wird, kommt eine permanente Frustration hinzu. Um diese abzubauen, muss der Hund Ersatzaktivitäten finden, die zum Beispiel in stereotypen Bewegungen bestehen können. Schließlich kommt in einem solchen Falle noch das Fehlen positiver sozialer Kontakte hinzu, die für ein so ausgeprägt geselliges Lebewesen wie den Hund natürlich enorm wichtig sind.

Letztlich sind es doch gerade die ganz speziellen Eigenschaften seiner Art, die den Hund zu einem derart beliebten Haustier gemacht haben. Dass ein Teil dieser Eigenschaften für den Hundehalter Verantwortung und somit Mühe mit sich bringt, steht außer Frage. Es macht sich jedoch mehr als bezahlt, diese Mühe auf sich zu nehmen, da sie durch die uneingeschränkte Freude belohnt wird, die das Zusammenleben mit einem ausgeglichenen, sozial sicheren Hund bedeutet. Es sollte also jedem Hundehalter daran gelegen sein, seinem Hund genau die Lebensbedingungen zur Verfügung zu stellen, die wirklich alle Eigenschaften des Tieres berücksichtigen. Welche Bedingungen das sind, kann eigentlich nur der Hund selbst entscheiden. Und wenn Sie lernen, seine Körpersprache richtig zu interpretieren, wird es Ihnen leicht fallen, seine Bedürfnisse zu erkennen und zu erfüllen. Einem harmonischen Zusammenleben steht dann nichts mehr entgegen.

Serviceteil

Literaturquellen

ALTHAUS, T. (1982): Die Welpenentwicklung beim Sibirian Husky. Diss., Universität Bern.

BEKOFF, M. (1974): Social Play and Play-Soliciting by Infant Canids. Amer. Zool. 14: 323–340.

BLEICHER, N. (1963): Physical and Behavioral Analysis of Dog Vocalization. Amer.J.vet.Res. 24, 415–427.

BRADSHAW, JWS; BLACKWELL, EJ; CASEY RA (2009): Dominance in domestic dogs – useful construct or bad habit? J Vet Behav 4, 135–144

BRUNNER, F. (1988): Der unverstandene Hund. 4. Aufl., Neumann-Neudamm, Melsungen.

EHRET, G. (1988): Physiologische Grundlagen der Entwicklung akustischer Kommunikation bei Säugetieren, Verh. Dtsch. Zool. Ges. 81: 97–111.

FEDDERSEN, D. (1978): Ausdrucksverhalten und soziale Organisation bei Goldschakalen, Zwergpudeln und deren Gefangenschaftsbastarden. Diss., TiHo Hannover.

FEDDERSEN-PETERSEN, D. (1990): Verhaltensstörungen bei Hunden und ihre Ursachen in Zucht, Haltung und Dressur. Der praktische Tierarzt 4.

FEDDERSEN-PETERSEN, D. (1990): Verhalten der Hunde. Deutsche tierärztliche Wochenschrift 97: 217–264, Alfeld (Leine).

FEDDERSEN-PETERSEN, D. (1991): The Ontogeny of Social Play and Agonistic Behaviour in Selected Canid Species. Zool. Beitr. Bd. 42: 97–114, Bonn.

FEDDERSEN-PETERSEN, D. (1991): Aggressive Hunde – Ein Tierschutzproblem. Tierärztliche Umschau 12: 749–754, Konstanz.

FEDDERSEN-PETERSEN, D. (2001): Hunde und ihre Menschen. Franckh-Kosmos, Stuttgart.

FEDDERSEN-PETERSEN, D. (1994): Fortpflanzungsverhalten beim Hund. Gustav Fischer Verlag, Jena-Stuttgart.

FEDDERSEN-PETERSEN, D., OHL, F. (1995): Ausdrucksverhalten beim Hund. Gustav Fischer Verlag, Jena-Stuttgart.

FEDDERSEN-PETERSEN, D. (2004): Hundepsychologie. Franckh-Kosmos, Stuttgart.

FEDDERSEN-PETERSEN, D. (2008): Ausdrucksverhalten beim Hund: Mimik, Körpersprache, Kommunikation und Verständigung. Franckh-Kosmos, Stuttgart.

FISCHEL, W., MEISCHNER, W. (1961): Die Seele des Hundes. Parey Verlag, Berlin.

FOX, M. W. (1971): Socio-Infantile and Sozio-Sexual Signals in Canids: A Comparative and Ontogenetic Study. Tierpsychol. 28: 185–210, Parey, Berlin.

FOX, M. W. (1978): The Dog: Its Domestication and Behaviour. Garland STPM Press, New York.

GERHARDT, H. C. (1983): Communication and the Environment. In: Animal Behaviour 2: 82–113, edited by T. R. Halliday and P. J. B. Slater. W. H. Freeman and Company, New York.

HALLIDAY, T. (1983): Information and Communication. In: Animal Behaviour 2: 43–81, edited by T. R. Halliday and P. J. B. Slater. W. H. Freeman and Company, New York.

HARRINGTON, F. H., MECH, L. D. (1978): Wolf Vocalization. In: Hall, R. L./Sharp, H. s. (eds.): Wolf and Man. Academic Press.

Hassenstein, B. (1980): Instinkt, Lernen, Spielen, Einsicht. Einführung in die Verhaltensbiologie. Piper & Co., München.

Herre, W. (1964): Demonstration im Tiergarten des Instituts für Haustierkunde der Universität Kiel. Verh. d. Dtsch. Zool. Ges. in Kiel 622–635, Leipzig.

Immelmann, K. Scherer, K. R. (1988): Psychobiologie. Fischer Verlags-Union, Weinheim, München.

Korn, B. und Treutmann, H. (o. J.): Das große farbige Hundelexikon. Karl Müller Verlag, Erlangen.

Leyhausen, P. (1967): Die phylogenetische Anpassung von Ausdruck und Eindruck. In: Biologie von Ausdruck und Eindruck. Psychologische Forschung 31, S. 157–173.

Lorenz, K. (1978): Vergleichende Verhaltensforschung. Springer Verlag, Wien und New York.

McConnel, P. B. (1990): Acoustic Structure and Receiver Response in Domestic Dogs, Anim. Beh. 39: 897–904.

Ohl, F. (1996): Die Lautäußerungen von Haushunden der Rasse Großpudel (Canis lupus f. familiaris). Acta Biol. Benrodis. Suppl. 3: 21–29.

Ohl, F. (1996): Ontogeny of Vocalization in Domestic Dogs, Breed Standard-Poodle (Canis lupus f. familiaris). Zool. Beitr. N. F. 37(2): 199–215.

Ohl, F. (2001): Hunde im Stress (Neuropsychologie von Stress). In: Der Rettungshund. Verlagsgruppe Random House, Bertelsmann, München.

Ohl, F. (2003): Testing for anxiety. Clin Neurosci Res, 3:233-238.

Ohl, F.; Arndt, S. S.; van der Staay, F. J. (2008): Pathological anxiety in animals. The Veterinary Journal, 175:18-26.

Schassburger, R. M. (1987): Wolf Vocalization: An Integrated Model of Structure, Motivation and Ontogeny. In: Frank, H.: Man and Wolf. Dr. W. Junk Publishers, 313–347. Dordrecht, Boston, Lancaster.

Schenkel, R. (1967): Submission: Its Features and Function in the Wolf and Dog. Am. Zoologist 7: 319–329.

Schloeth, R. (1956): Zur Psychologie der Begegnung zwischen Tieren. Diss., Universität Basel.

Schauenburg, G., Scheurmann, E. (1962): Versuche über das Erkennen von Bildern durch Hunde. Zeitschr. für Tierpsychol. 19: 723–727.

Scott, J. P. (1962): Critical Periods in Behavioral Development. Science 138: 949–958.

Slater, P. J. B. (1983): The Study of Communication. In: Animal Behaviour 2: 9–42, edited by T. R. Halliday and P. J. B. Slater. W. H. Freeman and Company, New York.

Tembrock, G. (1963): Acoustic Behaviour of Mammals. In: Busnel, R. G.: Acoustic Behaviour of Animals. Elsevier Publ. Comp.: 751–786, Amsterdam, London, New York.

Tembrock, G. (1965): Untersuchungen zur intraspezifischen Variabilität von Lautäußerungen bei Säugetieren. Z. Säugetierk. 30: 257–273.

Tembrock, G. (1976): Die Lautgebung der Caniden. Eine vergleichende Untersuchung. Milu 4: 1–44, Leipzig.

Tooze, Z. J., Harrington, F. H., Fentress, J. C. (1990): Individually Distinct Vocalization in Timber wolves (Canis lupus). Anim. Behav. 40: 723–731.

Zimen, E. (1971): Wölfe und Königspudel. Herausg.: Wickler, W. R., Piper & Co., München.

Zimen, E. (1990): Der Wolf. Knesebeck & Schuler, München.

Bildquellen

Heike Schmidt-Röger (www.schmidt-roeger.de): Titelbild, Seite 1, 6/7, 9, 10, 11, 19, 21, 22, 23, 25, 26, 28/29, 30, 35, 39, 43, 54 (2), 63, 64, 66, 69, 75, 76, 78, 82, 83, 85, 88, 89, 90, 92/93, 95, 96, 98, 99, 100, 102, 103, 104.

Alle anderen Fotos stammen von Silke Klewitz-Seemann.

Die Zeichnungen fertigte Hila Küpper, Katingsiel, nach Vorgaben der Autorin.

Dank der Autorin

Letztlich haben viele Menschen zu diesem Buch beigetragen, die davon gar nichts wissen. Dazu gehören all die – mir namentlich oft nicht bekannten – Hundebesitzer, die mir mit ihren Fragen deutlich gemacht haben, dass ein großes Interesse an den wissenschaftlichen Fakten zur Körpersprache des Hundes besteht.

Ganz maßgeblich an dem Inhalt dieses Buches beteiligt ist Dr. Dorit U. Feddersen-Petersen, denn viele der Untersuchungen, auf deren Resultate ich mich hier beziehe, wurden von ihr und ihren Mitarbeitern/innen durchgeführt. Dankbar bin ich jedoch vor allem für ihre langjährige Freundschaft und viele inspirierende und aufbauende Gespräche!

Ebenfalls danken möchte ich Dr. Nadja Kneissler für die tolle Zusammenarbeit bei den ersten beiden Auflagen dieses Buches und viele gute Gespräche im Laufe der Jahre. Kathrin Gutmann und Adina Lietz gebührt Dank für die Unterstützung bei der hier vorliegenden Neuauflage. Die Liste der Gründe, warum ich meinen Eltern dankbar bin, ist ein bisschen zu lang. Darum: Danke für alles!
Ohne Joachim Bock hätte es dieses Buch überhaupt nicht gegeben! Du hast, wie so oft, Recht gehabt. Aber ganz davon abgesehen – danke!

Register

A

Abwehrdrohen   40, 44
Abwehrverhalten   42, 80, 83
Aggression   78
Aggressionsbereitschaft   105
Alter   25
Angewohnheiten, schlechte   98
Angriff   13, 44, 46
Angriffsbereitschaft   86, 90
Angriffsdrohen   48
Angriffstendenzen   46
Angriffsverhalten   80
Angst   27, 60, 77, 83
Angstbeißer   83
Ängstlichkeit   27, 78, 84
Annäherung   34, 38, 53, 55
Anpassungsfähigkeit   10, 65, 72, 86, 104
Anrempeln   48
Anspringen   48
Antidepressivum   75, 77
Atemgeräusche   64
Aufreiten   48, 53
Aufzuchtverhalten   14 f.
Ausbildung   48, 90, 98
Ausdruck
– abwehrdrohender   44
– ängstlich-beschwichtigender   40
– beschwichtigender   42
– drohender   48
– freundlich-selbstbewusster   38
– freundlich-unterwürfiger   36
– imponierender   46
– neutraler   34
– spielerischer   50
Ausdrucksformen   32
Ausdrucksrepertoire   20
Ausdrucksverhalten, artspezifisches   18

B

Bedrohung   44, 64
Begrüßung   36 ff.
– freundlich-unterwürfige   60
Begrüßungsritual   61
Behaarung   20
Beißen   48
Beißhemmung   25, 50
Bellen   42, 48, 60, 62, 65
– Droh-   64
– Misch-   63
– Spiel-   63
– Spielaufforderungs-   63
– Warn-   64
Bellfreudigkeit   59, 62
Belllaute   58, 60, 62
Bellspiele   50, 63
Belohnung   69
Bepföteln   64
Beruhigungsmittel   82
Berührung   17, 21, 23, 58, 69
Beschnuppern   53
Beschwichtigung   36, 40, 42
Beschwichtigungsgesten   36 f.
Beschwichtigungslaute   64
Beschwichtigungssignale   42 f.
Betteln   36, 40, 89, 97 f.
Beute   83
Bewegungen, stereotype   105
Bewegungsdefizit   100
Bindung   8, 12, 21, 34, 88
– mangelnde soziale   39, 77
– soziale   48
– emotionale   8
Bindungsmangel   99
Bittgeste   40
Blick, ausweichender   31
Blickkontakt   43, 83

C

Chorheulen   61

D

Dackellähme   94
Dauerimponierhaltung   20
Depression   77
Drohen   40, 96
Drohung   62, 85
– verdeckte   46
Düfte   67
Duftmarken   67 f.

E

Emotionen   75
Entwicklung
– körperliche   24
– seelische   24
Entwicklungsphasen   24 f., 72
Erkrankung
– körperliche   10, 74, 86
– psychische   72
– stressbedingte   74, 77
Ernstkampf   44, 46, 83
Ersatzhandlung   85
Erziehung   13, 25, 51, 69, 79, 82, 84, 87

F

Faltenbildung   20
Fehlorientierung   54
Fehlprägung   54
Fehlverhalten   47
Fellpflege   69
Fellpflege, soziale   21, 68
Fellsträuben   96
Fiepen   36 f., 42, 60, 62, 65
Flucht   47, 48
Fluchtverhalten   78, 83
Fortpflanzungstrieb   52
Fortpflanzungsverhalten   52 f.
Fressrangordnung   98
Frühentwickler   24
Futterbetteln   36, 89, 98

G

Gedächtnisfähigkeit 76
Gefahrenpotential 90
Gefahrensituation 49
Gefährlichkeit 79, 82
Gefühle 54, 72, 104
Genetik 13, 14
Geräusche 61, 64
– nicht-kommunikative 64
Geruch 21, 67, 68
Geruchssignale 21
Geruchsvermögen 21
Gesamtausdruck 31
Gesamtverhalten 10, 12, 53, 72
Geschlechtsreife 52
Gesten 18, 36, 40, 44, 69
Gestik 58
Gewichtsverlust 77

H

Haltung
– nicht artgerechte 85
– nicht-rassegerechte 86
– rassegerechte 8
Haltungsbedingungen 13, 83 ff.
Haltungsverbot 14
Heulen 52, 61
Heullaute 60, 61
Hierarchie 86
Hopsen 50
Hunderassen 11, 14, 20, 24, 94 f.
Hunderudel 88
Hypersexualität 53

I

Imponierhaltung 11, 20, 40
Imponierscharren 46
Imponierverhalten 11, 46, 86, 89, 96
Informationsaustausch 17, 94
Isolationsheulen 61, 102

J

Jagdhund 8

K

„Kampfhundrassen" 15
Kastration 53
Knurren 42 f., 48, 58, 62, 65, 89
Kommunikation 17, 58
– einseitige 23
– fühlbare 68
– sichtbare 68
Kommunikationselemente 22, 67
Kommunikationssysteme 17 ff., 20
Konfliktsituation 34, 43, 47, 83
Kontaktaufnahme, fehlende 12
Kontaktlaut 64
Kontaktliegen 21, 69
Kopfschleudern 50
Kopulieren 53
Körperhaltung 46, 58, 102
Körperkontakt 21, 60, 66, 68
Körpersignale 30, 59, 60, 102
Kupieren 21, 94

L

Lautäußerung 24, 58 f., 66
Lautäußerungsmerkmale, rassespezifische 65
Lautäußerungsverhalten 59
Lautstärke 58
Lerneffekte, zufällige 97
Lernfähigkeit 65, 76, 97

M

Markieren 67
Massenzucht 84
Mimik 20, 24, 58
„Modehunde" 15
Mucklaute 59
Mundwinkellecken 17, 36, 40
Murrlaute 60

N

Normalverhalten 11

O

Ohrenstellung 20

P

Paarung 52 f.
Pföteln 40, 42 f., 64
Prägephase 24
Prägungsphase 24

Q

Qualzuchten 94

R

Rangeinweisung 81, 87 f.
Rangordnung 18, 37, 39, 81, 86
– Fress- 98
– soziale 98
Rangordnungsbewusstsein 86
Rangordnungsgefälle 38
Rangordnungskonflikt 81
Rangordnungsposition 47, 81, 86 f.
Rangposition 43, 89
Rangstellung 79
Rassedialekte 65
Riechen 17, 67
Riechorgan 67
Rituale
– feste 42
– soziale 61
Rudel 17
Rudelführer 86
Rudelzusammenhalt 61
Rutenhaltung 20, 22

S

Schmecken 17
Schmerz 60

Register

Schnauzenkontakt 68
Schnauzenzärtlichkeit 21, 68
Schutzhund 48, 90
Selbsterhaltungstrieb 44
Seufzen 64
Sexualtrieb, starker 53
Sicherheit, soziale 81
Signalkombinationen 8
Signalkomplexe 22
Sinneseindrücke 75
Sozialspiel 60
Sozialspiele 50, 63
Sozialverband 18, 38, 42, 81, 86, 101
Spätentwickler 24
Spielaufforderung 22, 62
Spielaufforderungs-Bellen 65
Spielaufforderungssignale 63
Spiel-Bellen 65
Spielsignale 50
Spielzeug 37, 85, 89
Stereotypien 85
Stress 76
– chronischer 77
– psychischer 60
Stressbelastung 74 ff.
Stressempfindlichkeit 76
Stresserfahrungen, frühkindliche 77
Stresssystem, hormonelles 77

T

Täuschungen 96
Territoriumsmarken 21
Tonfall 102
Tonhöhe 58
Tonlänge 58
Trampeln 50

U

Über-die-Schnauze-beißen 69
Überlegenheit 40, 47, 86, 96
Umweltbedingungen 76
Umweltgeräusche 61
Umweltsicherheit 99
Umweltunsicherheit 26, 77, 84
Unbehagenslaute 59
Unsicherheit 12, 55, 60
Unterlegenheit 40
Unterlegenheitsgeste 44
Unterlegenheit, soziale 80
Unterwerfung
– aktive 36
Unterwerfung, aktive 36, 38
Unterwürfigkeit 96
Urinieren 40
Urinmarkierungen 52

V

Veränderungen, emotionale 27
Veranlagung 12, 66, 79, 81
Verdauungsstörungen 77
Verhalten, aggressives 15 f., 79, 82, 84
Verhalten, freundlich-unterwürfiges 37
Verhaltensanalysen 72
Verhaltensauffälligkeit 16, 19
Verhalten, sexuell orientiertes 53
Verhaltensprobleme 74, 98
Verhaltensstörung 10, 14, 16, 19, 54, 72
Verhaltensveränderungen 72
Verhaltensweisen, unerwünschte 53, 82, 94, 97 f.

Vermeidungsverhalten 75
Vermenschlichung 12, 19, 79, 90, 95, 97, 103
Verständigung
– gegenseitige 60
– geruchliche 21
– lautliche 58, 65
Verständigungsmöglichkeiten 20, 22 f.
Verständigungsprobleme 65
Verständigungssystem 8, 18
Verteidigungsbereitschaft 44
Verunsicherung 61
Vorderkörper-Tiefstellung 50, 62 f.
Vorerfahrungen, individuelle 75

W

Wachhund 8, 48
Warnung 62
Welpe 10, 12, 23 f.
Welpenlaute 24
Winseln 36, 37, 40, 42, 60
Wohlfühlbereich 91
Wolfsrudel 17
Wurfgeschwister 25, 59, 84, 95

Z

Zähneblecken 42 f.
Zähneklappern 64
Zuchtauslese 15
Zuchtpotential 15
Zuchtverbot 14
Zuschnappen 48
Zwingerhaltung 83

Impressum

Bibliografische Information der Deutschen Nationalbibliothek
Die Deutsche Nationalbibliothek verzeichnet diese Publikation in der Deutschen Nationalbibliografie; detaillierte bibliografische Daten sind im Internet über http://dnb.ddb.de abrufbar.

Das Werk einschließlich aller seiner Teile ist urheberrechtlich geschützt. Jede Verwertung außerhalb der engen Grenzen des Urheberrechtsgesetzes ist ohne Zustimmung des Verlages unzulässig und strafbar. Das gilt insbesondere für Vervielfältigungen, Übersetzungen, Mikroverfilmungen und die Einspeicherung und Verarbeitung in elektronischen Systemen.

> Die in diesem Buch enthaltenen Empfehlungen und Angaben sind von der Autorin mit größter Sorgfalt zusammengestellt und geprüft worden. Eine Garantie für die Richtigkeit der Angaben kann aber nicht gegeben werden. Autorin und Verlag übernehmen keinerlei Haftung für Schäden und Unfälle. Der Leser sollte bei der Anwendung der in diesem Buch enthaltenen Empfehlungen sein persönliches Urteilsvermögen einsetzen.

© 1999, 2014 Eugen Ulmer KG
Wollgrasweg 41, 70599 Stuttgart (Hohenheim)
E-Mail: info@ulmer.de
Internet: www.ulmer.de
Umschlaggestaltung: Christina Schaal, Reutlingen
Lektorat: Adina Lietz, Kathrin Gutmann
Herstellung: Jan Martin Rieger
Satz: pagina GmbH, Tübingen
Druck und Bindung: Westermann Zwickau
Printed in Germany

ISBN 978-3-8001-7968-8